Sudar

Un plan práctico para mantener intacto tu corazón
cuando amas a un adicto

por

Denise Krochta

Traducido por
Dr. César Vargas

Copyright © 2013 Denise Krochta

All Rights Reserved. Todos los Derechos Reservados.
Traducido al español por el Dr. César Vargas.

No part of this book may be reproduced, stored in a retrieval system, or transmitted by any means, electronic, mechanical, photocopying, recording, or otherwise, without written permission from the author.

Ninguna porción de este libro se puede reproducir, guardar en un sistema de recuperación, ni transmitido por ningún medio electrónico, mecánico, fotocopiado, grabado o de ninguna otra manera sin la autorización expresa por escrito del autor. No se asume responsabilidad patente con respecto al uso de la información aquí contenida, pues este contenido se presenta únicamente con fines informativos y de entretenimiento. Aunque se ha extremado el esmero en la preparación de este libro, ni la Editorial ni el autor asumen ninguna responsabilidad por errores u omisiones. Además, no se asume responsabilidad por daños que pudiesen suceder por el uso de la información aquí contenida. Úsela bajo su propio riesgo. La información contenida aquí NO reemplaza el consejo competente de un profesional titulado jurídico, médico o de salud mental.

Veritas Invictus Publishing
8502 East Chapman Avenue # 302
Orange, California 92869

ISBN 978-1-939180-00-1

www.**Libro***Sudar*.com

INTRODUCCIÓN

Si elegiste este libro, es porque estás buscando algo. O eres nuevo en este tema, o estás frustrado porque es una larga y continua parte de tu vida. Dondequiera que estés en este viaje, no estás solo y, como verás, hay opciones.

Apenas me enteré de la drogadicción de mi hijo, inmediatamente, pero con calma, empecé mi búsqueda de respuestas. Me sentía avergonzada y temerosa, y tenía que obtener información sin revelar este "secreto". Estaba bastante estresada. Y ahora tenía más estrés al buscar respuestas, sin sentirme cómoda haciendo preguntas. Mi esperanza para todos los que lean este libro es que éste y muchos otros factores de estrés puedan disminuir. Entonces, lo primero que busqué fue información sobre la drogadicción y cómo resolverla. Antes de avanzar más en este libro, te sugiero que recurras a las páginas de referencias (94 y 95) y veas los sitios web que enumero. La intención de este libro es resumir los volúmenes de material y los meses de tiempo que me tomó investigarlos y ofrecerte a ti, el lector, un enfoque "directo y al grano" que te equipará con las herramientas para ayudarte a tener una buena vida, independientemente de las decisiones de tus seres queridos. Sé por experiencia propia que lo primero que necesitas es conocimiento sobre las adicciones y lo que puedes esperar. Solo hay unos pocos sitios web en mi lista, pero están llenos de la mejor información actual relacionada con la adicción y la recuperación. Este libro no es acerca de curar a nuestros adictos, pero en el momento del "impacto", sé cuáles creemos que son nuestras prioridades. Pronto nos hacemos adictos a nuestros adictos y perdemos de vista cualquier otra cosa. Espero que mis materiales de referencia escogidos cuidadosamente, de los que voy a hablar brevemente a lo largo de este libro, te ahorren tiempo, disminuyan el miedo y la ansiedad y te den un plan para tener mejores opciones.

Sudar no es un libro sobre la adicción a las drogas y los drogadictos. Para aquellos que aman a personas adictas y alcohólicas, sabes que una de sus características es "el mundo gira a mi alrededor". *Sudar* trata sobre nosotros, los que amamos, hemos amado y perdido, a alcohólicos y drogadictos. Trata sobre la esperanza y la serenidad y acerca de "tener una vida". Es un libro sobre la elección.

Aunque experimenté suficientes pérdidas en mi vida a una edad temprana, nada me preparó para la adicción a las drogas de mi hijo. La primera parte de *Sudar* es una breve presentación del entorno, lo que "clasifica" al resto del libro. Estoy segura de que podrás identificarte con esta sección. No pretendo que sea otra historia del viaje de un adicto, ni del de la familia adicta al adicto. Nuestras librerías y tiendas están repletas de esas historias. Este es un libro sobre esperanza. Es un plan de acción.

La segunda parte es el "núcleo" del libro. He tratado de que todo sea breve y sencillo. Es mi receta para la salud mental. Espero que, después de leer este libro, haya menos desesperanza en tu vida y una sensación de calma. Hay recursos que limité a los que encontré más útiles, relacionados con la ayuda disponible para tu adicto y con la compresión de la enfermedad. El conocimiento en esta área puede ser temible, pero es necesario comprenderlo. Este es un libro de experiencia, no de consejos. Cuando me enteré de la adicción de mi hijo, tenía muchas preguntas y las respuestas disponibles estaban dispersas por todas partes. Todo el proceso de aprendizaje se me hizo estresante. Espero que *Sudar* pueda aliviar al menos esa parte del estrés en tu vida, y que te centre y calme antes de que la calamidad intente instalarse.

La tercera parte del libro es como un testimonio de cómo me ha funcionado todo esto. He tomado algunos acontecimientos de crisis y he escrito sobre ellos con relación a mi nueva perspectiva y transformación.

Mis hijos son tan importantes para mí como para cualquier persona, los suyos. Creo que estoy más cerca de ellos que nunca. Después de trabajar mucho en esta transformación y de tomar las decisiones que tomé en los últimos años, sé que esto tuvo un importante impacto en mi familia y nuestras relaciones. Mi recuperación de la adicción a mi adicto comenzó mucho antes que la recuperación de mi hijo de su adicción a las drogas. Mi esperanza es que, independientemente del caos que reine en tu vida en este momento, seas capaz de controlar lo que pasa dentro de ti y sentir un poco de paz. He leído que siempre habrá tristeza, pero la miseria es una elección. He llegado a creerlo. No podemos esperar que quienes nos rodean tomen buenas decisiones (a veces nunca lo hacen), pero siempre podemos controlar las nuestras. Deja que *Sudar* te guíe para tomar buenas decisiones en momentos difíciles, sean dolencias, enfermedades crónicas o adicción. Espero que esto te ayude a crear tus propios hábitos y ejercicios para vivir plenamente, a pesar de cómo elijan vivir los que te rodean.

Solo tenemos una vida, la propia.

PRIMERA PARTE

EL CALIFICADOR

*"Cuando se vuelve bastante oscuro,
puedes ver las estrellas."
Charles A. Beard*

CAPÍTULO UNO

El dormitorio está oscuro, aunque es el mediodía de un día brillante y soleado de Florida. Creo que este dormitorio siempre está oscuro. Hay una manta de tela polar azul marino cubriendo la única ventana de la habitación. El aire está viciado con un olor desconocido. La cama de agua de tamaño king tiene una pila de almohadas y mantas y otros objetos al azar que realmente no corresponden. Hay barras de proteína y barras de granola, junto con papel de aluminio, plumas y fósforos. La cama es familiar, pero extraña. Solía ser mía. Hay libros y papeles tirados por todas partes. Los cajones y armarios están abiertos como si el lugar acabara de ser saqueado. Tal vez lo fue. Así lo había dejado mi hijo cuando se enteró de que su compañero de cuarto de la universidad había sido arrestado por posesión de drogas, al volver a la escuela de las vacaciones de invierno. Obviamente, su propia salida fue rápida. Tenía miedo de ser el próximo. ¿Sabía que mi hijo era drogadicto? Realmente, el pensamiento nunca cruzó mi mente.

La cama ocupa la mitad de la habitación. Fue empujada al rincón contra dos paredes adyacentes. El escritorio de la computadora está en la pared frente a los pies de la cama. Apenas hay espacio para la silla entre la mesa y la cama. Hay una mesita pequeña con una lámpara chica de luz tenue. Un sillón reclinable completa la habitación. Todo está muy abarrotado. Hay un vestidor y un pequeño cuarto de baño adyacente. El baño contiguo resulta muy conveniente. El dormitorio está arriba en el desván. Saliendo de la habitación, hay un largo pasillo. En el pasillo hay un refrigerador chico, con agua y jugo. Esto también resulta conveniente.

Mi hijo decidió desintoxicarse y atravesar el periodo de abstinencia de las píldoras de prescripción médica (y cualquier otra sustancia que desconozco) sin ayuda médica ni un programa. Porque lo amo, opto por apoyarlo en su decisión. Creo que es lo correcto. No quiere participar en un programa hospitalario con supervisión médica. Eso no le permitiría continuar y terminar su semestre en la escuela. En retrospectiva, este pensamiento es ridículo.

Así que, ahí estamos, ambos con miedo, ignorantes e inconscientes de lo que estamos a punto de experimentar. Se sube a la cama. Después de tener diarrea durante unas dos horas, está listo para descansar. Le resulta difícil ponerse cómodo. Se sienta. Se hace un ovillo y levanta las rodillas, supongo que para aliviar su dolor abdominal. Ahora sé por qué ha bajado tanto de peso y se enferma tan a menudo. Su cuerpo está temblando. No sé si es por el llanto o por escalofríos. Decido subir a la cama con él y abrazarlo. Al instante, siento que estoy abrazando a mi hijo recién nacido, que tuvo sufrimiento fetal en un parto rápido pero muy difícil. El anestesiólogo estaba de guardia esa noche, pero no en el hospital. No tenía tiempo de llegar, y no había tiempo para administrar medicación. El bebé necesitaba salir para respirar. El doctor me abrió y lo sacó. Me pareció que me estaban cosiendo durante una eternidad. El niño estaba bien. Solo Mamá tuvo problemas. Los niños siempre están bien. En la habitación, las enfermeras me ofrecieron morfina. Dijeron que era la medicación normal para este tipo de trauma. Opté por Tylenol. Quería amamantar a mi bebé. Era importante para mí. Nada de morfina. El bebé no tenía que perderse ninguna comida, y yo no quería pasarle drogas a mi hijo. Otro pensamiento absurdo.

Trato de consolar a mi hijo. Tomo una esquina de la sábana y enjugo las lágrimas de sus ojos y el sudor de su frente. Un momento tiembla por los escalofríos, al minuto siguiente está caliente y afiebrado. Empieza a sollozar.

Ahora, estoy abrazando a mi hijo de un año, que estaba decidido a aprender a caminar ese día y se cayó y se golpeó detrás de la cabeza con el hermoso piso de terrazo negro, azul y gris de nuestra antigua casa en Florida, a orillas del río. Lo abrazo más fuerte y oigo su corazón acelerado. Me doy cuenta de que su llanto no se debe a su cabeza dolorida sino a los calambres y al dolor de estómago.

Salta de la cama para meterse en el baño y, sobresaltada, vuelvo al presente. La cama está húmeda por su sudor. Está mojada por sus lágrimas y las mías. Lo escucho vomitando en el baño y me pregunto si este es el principio o el fin. Me distraen los golpes en la puerta de abajo. Me pregunto si es la policía, buscándolo. ¿Será alguien que quiere comprar drogas? ¿Será alguien que viene a cobrar? No puedo creer que estos pensamientos estén entrando en mi mente. Sé que la puerta está cerrada, e ignoro los golpes. Al final, sea quien haya sido, se va.

Mi hijo sale del baño, con la cara lavada, el pelo peinado hacia atrás, con una tímida sonrisa en su rostro. —Lo siento, mamá —dice y vuelve a subir a la cama. ¿Cuánto se supone que debe abarcar este *lo siento*? ¿Siento que empecé a usar drogas? ¿Siento que les robé dinero y cosas a ti y a toda la familia? ¿Siento que destruí la paz y la serenidad de nuestra familia? ¿Siento que desperdicié todo el dinero que gastaste en la universidad? ¿Siento que destruí mi salud? ¡Lo siento! ¡Lo siento! ¡Lo siento! Pronto está roncando y yo trato de dormir un poco. Esto, por supuesto, no va a ocurrir. No me imaginaba que este era el principio de dos largos años sin dormir. Apenas estoy empezando a conciliar el sueño, escucho un grito. Es un grito aterrador seguido por profundos sollozos que sacuden la cama de agua como si estuviéramos en alta mar en una noche tormentosa. Lo abrazo. Él me abraza. Estamos tratando de salvarnos mutuamente de ahogarnos. Nada que diga o haga puede detener sus sollozos. Me aprieta más y lo atraigo más hacia mí. Me recuerda a cuando mis dos hijos eran bebés y los abrazaba muy fuerte porque los amaba tanto, que creía que se les iba a salir la cabeza. Él llora y dice palabras ininteligibles. Me asusta. Temo que esté perdiendo la razón. Y también temo estar perdiendo la mía. Se levanta de nuevo para ir al baño. Esta vez puedo oír la ducha. Todo está silencioso durante un tiempo inusualmente largo. ¿Qué está haciendo ahí? ¿Sigue vivo? ¿Hay drogas ahí? ¿Todo esto es para nada? Realmente no sé la respuesta a estas preguntas. Espero. De nuevo sale del baño, con la cara lavada y el pelo peinado hacia atrás. Regresa a la cama y quiere hablar. Habla sobre su adicción. Me dice lo que cree que le están haciendo estas drogas, cómo empezó, cómo empeoró y lo enganchado que está realmente. Llora en mis brazos y se queda dormido. La oscuridad es constante. El aire viciado me está poniendo claustrofóbica. Quiero salir a tomar un poco de aire. Me imagino una suave brisa besando mi cara con el sonido de las palmeras que se mueven con el viento. Pero tengo miedo de irme. No sé por qué.

Es difícil decir qué día o qué hora es. Pasan las horas, los días. Sobrevivo con barras de granola y agua, que pasan a vivir bajo las almohadas. Mi hijo no puede comer nada. Lo hago tomar agua. Hablamos de la vida y la muerte. Me describe su dolor, tanto físico como mental. Algunas de sus historias son percepciones gravemente distorsionadas de la realidad. Sin embargo, realmente las cree. Duerme. Vomita. Le froto un paño húmedo y fresco en la frente cuando tiene fiebre; lo tapo y lo abrazo fuerte durante sus escalofríos.

En un momento tranquilo cuando está descansando, recuerdo algo relativamente irónico. Era un día especial. Todos los niños de la escuela primaria estaban reunidos en la cafetería en honor del ganador del concurso de ensayos D.A.R.E. El programa nacional de Educación para la Resistencia al Abuso de Drogas, D.A.R.E., patrocinaba este concurso para los alumnos de quinto grado todos los años. Representantes del departamento del alguacil y funcionarios especiales de D.A.R.E. estaban presentes para otorgar el premio. Habían elegido tres ensayos de los presentados por la clase de quinto grado, un poco más de un centenar de niños y debían elegir el mejor en el evento. Los tres niños estaban en el escenario, con aspecto muy "prolijo" y orgulloso. Eran dos niñas y un niño. El niño era mi hijo. Cada uno de los tres semifinalistas leyó su ensayo ante la audiencia. Recuerdo claramente que uno de los ensayos de las niñas era muy largo y complicado. Todos pensaron que seguramente su ensayo sería el ganador. Ella era la que ganaba todas las competencias de escritura. Mi hijo leyó su ensayo, que era breve y bueno. No creo que ocupara más de una página y media. Sonrió con su sonrisa característica y se movió inquietamente en el escenario, esperando el resultado. Cuando el alguacil anunció que el "jovencito" era el ganador, todos aplaudieron; ¡mi hijo estaba muy orgulloso! Por supuesto, ¡yo también! Se puso la medalla del primer lugar alrededor del cuello rebosando de placer. Los premios eran realmente envidiables. Ganó una chamarra negra con un gran D.A.R.E. rojo estampado. Había una gorra con el logo. En una linda bolsita venían varios vales de regalo de negocios locales. Reservaron lo mejor para el final. Uno de los ayudantes del alguacil local se acercó al escenario con una foto del premio. Era la foto de un helicóptero. Era un piloto de helicóptero del departamento del alguacil. El afortunado ganador recibió un paseo en su helicóptero.

Unos días más tarde, mi hijo y mi marido sobrevolaron el barrio alrededor de la escuela en el helicóptero. Todos los niños de quinto grado, tal vez todos los niños de la escuela, no recuerdo, salieron al campo contiguo. Formaron letras, como lo haría una banda durante un partido de fútbol, escribiendo su nombre. Él pudo verlo desde el helicóptero. Todavía tenemos el collage de ese día enmarcado en nuestro estudio. Es un marco de madera de 60 x 50 cm que incluye una foto grande del oficial abrochándole el cinturón de seguridad a mi hijo en el helicóptero oficial. La medalla de D.A.R.E. está colgando del cuadro. Hay una foto pequeña que tomó de sus compañeros en el campo formando su nombre. Hay otra foto en colores que se tomó cuando él estaba aterrizando en el campo, junto con dos figuritas coleccionables de D.A.R.E. Iba a ser un día inolvidable para él. Como puedes ver, yo tampoco lo olvidé.

Aunque me gustaría seguir con estos recuerdos agradables, vuelvo al tema que nos ocupa. Mi hijo ya no es el niñito cuya prioridad era no hacer nada que lo arriesgara a una penitencia. Ahora creo que se inclina más a no dejarse atrapar e ir a la cárcel. Vuelvo a prestarle atención a mi hijo y a su sueño inquieto.

La mayoría de las veces, no sé lo que está pensando ni dónde está en realidad. Cuando creo que las cosas están mejorando, hay más vómitos, diarrea, escalofríos, sudores, delirio, alucinaciones, luego tranquilidad y descanso. Todo esto se repite durante unos tres días, creo. Al cuarto día, es hora de hacer un plan. Mi hijo se siente mejor, aunque parece recién rescatado de un naufragio. ¿Quién sabe qué parezco yo? Realmente, ¿a quién le importa?

CAPÍTULO DOS

Seis meses antes de todo esto, yo había hecho un depósito para un pequeño departamento en París. El plan era escapar por un mes a uno de mis lugares favoritos de la tierra. Cuando hice el depósito, no me imaginé el alcance de ese escape. Mi hijo menor estaría en la escuela y mi hijo mayor estaba pasando un año estudiando en París. Mi esposo estaba ocupado en la oficina, así que pensé que sería un buen plan. Cuando era más joven, tenía una carrera en negocios internacionales y había estado en París varias veces. Aunque tengo un título en francés y aprendí mucho sobre el país durante todos mis años de estudio, había muchas cosas que quería conocer de primera mano. Durante el tiempo que trabajé allí, no tuve oportunidad de ver mucho.

Cuando mis hijos eran adolescentes, salíamos de vacaciones en familia y a menudo pasábamos unos días en París. Era divertido ir con la familia, pero lo que tenía en mente era un proceso de descubrimiento diferente. Estaba muy emocionada de hacerlo en mi tiempo libre. Esperaba realmente absorber el ambiente y aprender los interesantes secretos de París por mi cuenta. Pensé que sería bueno hacerlo mientras mi hijo estaba estudiando allí. Tenía la esperanza de verlo más de una vez ese año puesto que estaría viviendo un mes en la misma ciudad. ¡Realmente ansiaba pasar abril en París!

Después de mi angustiosa y triste experiencia con mi hijo menor en la escuela, empecé a tener dudas sobre este viaje largamente planeado. ¿Realmente quería estar tan lejos de esta frágil situación? Mi hijo estaba en la escuela, y me decía que no consumía drogas, estaba asistiendo a reuniones de autoayuda y visitando a un psicólogo de la universidad. ¿Realmente confiaba en todo eso? En realidad, no. Me sentí obligada a cancelar mi viaje y quedarme en casa. ¿Quedarme en casa para hacer qué, exactamente? Preocuparme y temer lo que pudiera estar haciendo a cuatro horas de distancia en la escuela, eso podría hacerlo en un departamento en París. Podría obsesionarme pensando cómo pude haber causado esto y cómo resolverlo, también desde un departamento en París. Incluso podría revivir, una y otra vez, esos días en su cuarto de la universidad, en un departamento en París. Así que no podía decidir. Sabía lo que quería hacer, pero ¿sería lo correcto? Pronto aprendí que cuando se trata de lidiar con seres queridos adictos, no hay correcto ni incorrecto, realmente no hay respuestas.

Unas semanas antes de mi viaje a París, hubo otro evento triste en nuestra familia. Tuvimos que poner a dormir a nuestra perra, una boxer de nueve años, por un problema neurológico. Mi hijo menor, que era muy apegado a ella, regresó de la escuela y todos juntos le dijimos adiós. Fue un día muy triste para todos. ¿Estaría mi hijo usando drogas para calmar su dolor y pena? No lo sé. Estaba en la negación y cautelosamente optimista al mismo tiempo. Estaba triste por la perra —ella era mi compañera permanente— y realmente no podía diferenciar entre la pena y las drogas en ese momento. Mi hijo regresó a la escuela y la casa estaba muy silenciosa sin los muchachos ni la perra. Contrariando a mi conciencia culpable y, francamente, a pesar del juicio que percibía de mis allegados, seguí mi plan y aterricé en París el día de los inocentes. Traté de desestimar la ironía de esto y poner una cara feliz para mi hijo mayor, que parecía genuinamente feliz de verme. Nos habíamos visto por última vez en las vacaciones de invierno, antes de que empezara el caos familiar. La culpa y el miedo eran mis compañeros de viaje, pero respirar ese aire parisino los mantuvo a raya, momentáneamente.

A última hora de la tarde, estaba acomodada en mi nueva casa de París. Era hora de respirar y asumir todo. El departamento era muy chico, pero perfecto para mí. Estaba en un edificio muy antiguo en la orilla izquierda. Para entrar, tenía que subir tres pisos por una pequeña escalera de caracol. Era bastante peculiar, en realidad. Los techos eran altos, y había altas ventanas en el área de sala/comedor/cocina. Fuera de las ventanas, había diminutos balcones con macetas de geranios. La fachada del edificio daba a una calle peatonal. Era una calle empedrada iluminada con luces de gas. Había restaurantes contiguos y al otro lado de la calle. ¡La calle olía maravillosamente! El dormitorio era pequeño pero cómodo, y la alta ventana tenía vista a un patio interno.

Mi hijo se había ido a trabajar, dejándome acomodar y relajarme un poco después de mi largo viaje. Decidí salir para ver el barrio y comprar algunos víveres. Me di cuenta de que el barrio era justo lo que deseaba, y lo recordaba de algunos de los viajes con la familia. Así que me resultaba conocido. Cuando volví al departamento, guardé los víveres, puse las flores en agua y me senté. Habían sido dos largos días. Fue en ese momento que recordé. Todas mis inseguridades acerca de mi hijo adicto empezaron a inundar mi mente. Aquí estaba, en un lugar extraño, muy lejos del abrazo de mi hijo, sin saber si estaba vivo o muerto, y sin poder hacer nada al respecto. Me pregunté por qué había cometido esta locura de viajar tan lejos y empecé a sollozar. No podía parar de llorar. Estaba frustrada, triste, asustada e incluso un poco enojada porque mi hijo me había arruinado el viaje. ¿Era egoísta? En ese momento, me castigué bastante hasta que me calmé. Más tarde descubrí que esto es lo que amar a un adicto te hace. Empezamos a cuestionar nuestro juicio. Pasamos nuestro tiempo adictos al adicto. Lo hice desde que me enteré de su problema hasta el momento de abordar el avión a París. Había tenido la esperanza de que mi emoción y mi asombro pudieran eclipsar esas inseguridades. Sin duda, no había ninguna razón para que no hiciera el viaje. Iban a ser 30 días muy largos si no me obligaba a salir de esto. También le debía a mi hijo mayor estar feliz de verlo y conocer su vida en París. Traté de poner algo de orden en todo esto. Sabía que podía estar en París pero no vivirlo si no se me ocurría la forma de salir de esta depresión nerviosa. Entonces, hice un trato conmigo misma que traté de respetar, y aunque a veces me desvié, pude rescatar mis vacaciones y hacer gran parte de lo que había planeado.

Este fue el trato. Iba a dedicar algo de tiempo de la mañana a pensar en mi hijo y su situación. Me sentiría atemorizada y triste, y luego trataría de dejarlo atrás por ese día. París era emocionante y pude hacerlo casi todos los días. Casi todos los días tenía noticias de casa. Cuando había noticias de mi hijo, generalmente no eran buenas. Recuerdo una vez en que regresó a casa el fin de semana y mi marido lo sorprendió con un análisis de drogas de la farmacia local. Dio positivo, pero él lo explicó diciendo algo sobre un resfrío y una medicina para la tos. ¿Alguno de nosotros lo creyó? No creo que realmente importara. A veces, incluso recibía una llamada de larga distancia de mi hijo desde la universidad. ¿Qué podía decir por teléfono? Luego hablaré más sobre esto.

Esta no es una guía de viaje. De más está decir que abril en París es una experiencia maravillosa. Incluyo este capítulo para hacer hincapié en el impacto que puede tener la adicción, independientemente de lo que esté pasando en nuestras vidas. Así que hice todo lo posible por concentrarme en París y disfrutar mi estancia. Las cenas que compartí con mi hijo mayor fueron muy agradables. Me sentí cerca de él y deseaba algún día volver a tener esa sensación con su hermano. Realmente no sabía si había tenido una recaída, pero sí tenía mis sospechas. Todos mis días eran interesantes y cada uno era distinto del anterior. Lo único constante era el tiempo que pasaba preocupándome por la adicción. Todavía era algo relativamente nuevo para mí, y aún seguía preguntándome cuál era mi papel en todo esto y, como mamá, qué podría hacer al respecto. Si solo pudiera sacarlo de esto amándolo, sería muy fácil. Así que solo pensaba en eso a la mañana y antes de irme a la cama en la noche. Se me filtraba en los lugares más extraños durante el día pero llegué a ser muy buena para descartarlo.

Sin embargo, recuerdo un momento en que no lo logré. Fue una experiencia muy extraña para mí. Planeaba pasar el día en un museo local, no lejos de casa. Era un domingo lluvioso, un día perfecto para ir al museo. El museo solía llamarse Cluny, pero le habían cambiado el nombre por el de Museo de la

Edad Media. Lo había recorrido antes, pero nunca lo había visto bien. Esta era mi oportunidad. Las salas estaban numeradas. Había muchas. Había un folleto describiendo lo que había en cada una, pero me pareció que sería interesante ir viéndolas en orden y no saltar a algunos de los objetos expuestos. Tenía todo el día y estaba sola, sin nadie que me apurase.

Tuve una crianza católica y mi familia estaba muy involucrada con la iglesia. Mi mamá trabajaba para el cura y mis padres hacían mucho voluntariado cuando éramos niños. Los domingos se pasaban primero en misa, luego toda la familia —primos, tías y tíos, hermanos, hermanas y a veces monjas y sacerdotes— iba a una de las casas cercanas de un tío o una tía a desayunar, y a veces pasábamos allí todo el día. Mi mamá enseñaba catecismo, y la religión era una parte importante de nuestras vidas. Escuchábamos las historias de Navidad, Pascua, este y aquél santo y sabíamos bastante sobre casi todo del catolicismo. Había algo en mi percepción de niña que creció conmigo y a veces me molestaba. Tenía esta intriga respecto de María, la madre de Jesús. No voy a profundizar aquí sobre las creencias religiosas, pero creo que esta historia tiene algo que ver con todo este proceso. Mi percepción siempre había sido que aunque esta mujer siempre fue retratada como una santa misericordiosa, bendecida, y todo tipo de cosas buenas, siempre me pareció que no tuvo una relación estrecha con su hijo cuando se hizo hombre.

Siempre me pregunté por qué no la vimos mucho durante su "apogeo", por así decirlo. Esto siempre me molestó pero solo en el fondo de mi mente.

El museo exhibía mucho arte religioso. Pasé mucho tiempo concentrándome en el arte y tratando de entender la intención del artista hasta que me topé con un cuadro de María y Jesús adulto. Ni siquiera recuerdo exactamente cómo era el cuadro, pero puedo decir con precisión cómo me sentí mientras lo estuve observando. Creo que estaba en la sala 21, así que ya había pasado gran parte del día en este oscuro museo. Era un día lluvioso y triste, así que eso pudo haber contribuido a mi estado de ánimo. Pero busqué en esos ojos y la expresión de su rostro y finalmente, después de 50 años de oír hablar sobre esta mujer, pude ver su dolor y la conexión que tenía con su hijo. ¿Fue porque yo sentía un dolor similar por mi hijo? ¿O porque el artista era tan bueno? Realmente, no lo sé. Sé que volví a llorar y tuve que irme del museo, mientras otras personas se preguntaban qué había pasado en la sala 21. De nuevo, la adicción de mi hijo me había afectado.

Pocos días después de este episodio del museo, mi hijo menor iba a viajar para pasar un tiempo conmigo al terminar las clases. Yo solo iba a estar dos días mientras él estaba allí y luego él iba a pasar una semana con su hermano. Estaba ansiando verlo. También estaba un poco asustada. Iba a llegar con su novia, y todo sonaba como un muy buen plan. El día que llegaron pensé que tenía buen aspecto. No lo había visto en más de un mes, y tenía grandes esperanzas. Quería que se estuviera recuperando y quería confiar en él. Supongo que vi lo que quería ver. En la tarde se quedó dormido hasta el día siguiente. Esto no era inusual después de un vuelo nocturno al extranjero, y no pensé nada raro. Cenamos con su hermano la noche antes de mi vuelo de regreso a Estados Unidos, y disfruté de mi rara ocasión de estar con mis dos hijos juntos. Unos días después de mi regreso a casa, comenzaron las llamadas. Mi hijo mayor llamaba para contarme sobre las actividades extrañas de su hermano menor allí en París. Se iba durante horas, sin su novia, y volvía sin responder preguntas. Empezó a comentar que tenía dolor de espalda y que iba a consultas médicas. Nunca disfrutó de hablar idiomas extranjeros, así que ir a ver a médicos franceses era un verdadero esfuerzo. Mi hijo mayor se preocupó. Su hermano estaba distante. Ya no parecía un viaje divertido. Más bien parecía que estaba buscando médicos, y yo me preguntaba qué era lo que estaba buscando. Ahora él era el que estaba lejos y yo estaba en casa. Todo era muy raro. Antes de volver a casa, me llamó desde París. ¿Qué dije antes acerca de no poder discernir nada por teléfono? Bien, enseguida después de esta conversación, supe que el caos estaba por regresar a mi vida.

CAPÍTULO TRES

Después del regreso de París de mi hijo, tenía una sorpresa para él. Había pasado por la escuela a recoger sus cosas para pasar el verano en casa. Iba a empezar su trabajo tan pronto como llegara a casa. Bueno, eso pensaba. Yo estaba aterrada, por decirlo de alguna manera, y tenía otros planes para él. Cuando llegó, vació su coche, dejó todo en su cuarto y desapareció por un rato. Cuando reapareció, lo hice sentar y le conté el plan. Le di dos documentos para leer. Uno describía un centro de rehabilitación en nuestro estado, y el otro, uno fuera del estado. En los documentos figuraban los números de teléfono y la información sobre los programas. Le dije que tenía que elegir a cuál iba a ir, y que iría apenas hubiera una cama disponible. Con escasa resistencia, llamó a los dos establecimientos y regresó con su elección. Llamé inmediatamente al establecimiento, a una hora de distancia de donde vivíamos, pagué el depósito por teléfono e hice los arreglos para llevarlo al día siguiente.

Cuando le conté a la gente del centro de rehabilitación la cantidad de cajas de pastillas, vacías que había traído a casa, me dijeron que tenía suerte de estar vivo. Sí, el caos había regresado. Tenía que quedarse allí 30 días, que incluían el de su vigésimo cumpleaños. Lo llevé al día siguiente y así empezaron esos 30 días de paz mental y grandes expectativas. Hicimos nuestra parte y lo visitamos cada domingo por la tarde. Asistimos al fin de semana familiar de tres días que incluía la matrícula. Una vez por semana, nos llamaba su terapeuta para contarnos su progreso. Fue un mes relajante para nosotros, excepto por las visitas y llamadas, que siempre hacían surgir un poco de temor e inseguridad.

Mi hijo mayor había vuelto de París y también estaba en casa para pasar el verano. Creo que se sorprendió un poco por el cambio de energía de la casa. Esta era la primera prueba que tenía de vivir en nuestra casa con la adicción que se cernía sobre nosotros. No estaba satisfecho con el cambio. Esto no contribuyó a forjar un buen vínculo fraternal.

Todos extrañábamos a la perra. Cuando pensamos en conseguir otra, mi hijo menor dijo que después de su tiempo en casa y cuando su recuperación estuviera avanzada, llevaría a la perra a la escuela con él. Así que, en mi modo facilitador y con optimismo, accedí a tener otro perro, que sería suyo. Cuando vino a casa tras cumplir con sus expectativas de rehabilitación, había una nueva cachorra boxer para darle la bienvenida. Fue un punto brillante en un ambiente sombrío. Tratamos de confiar en la recuperación de mi hijo. Nuestra confianza era reservada, lo admito. Insistimos en que ambos muchachos trabajaran juntos durante el verano y que mi hijo mayor manejara el coche los días de trabajo. Tenía razón cuando decía que se sentía como una niñera. Hicimos mal en ponerlo en esa posición. Eso era más facilitador, pero en ese momento no lo sabíamos. Así pasó el verano bastante tranquilo y no notamos ningún desastre. Estábamos muy nerviosos y nuestra confianza era limitada, pero eso es lo que hace la adicción. Tratamos de revivir nuestra familia feliz y entrañable, lo más que la situación lo permitía, pero nunca se sintió del todo bien.

CAPÍTULO CUATRO

"La influencia divina es evidente cuando un cúmulo de desastres se produce en un período muy corto y redirige tu vida. El sello de una experiencia divina es que atrae tu atención y te hace pensar que te está pasando algo fuera de lo común. Los encuentros divinos serán continuos, en contraposición a un fenómeno único."

Estaba leyendo un viejo libro del estante en el estudio cuando cayó un papel con lo anterior. Estaba con mi letra, así que sé que en algún momento de mi vida escribí esto porque me llamó la atención. Para mí la vida ha sido una serie de tragedias y desastres mezclados con buenos tiempos, creo que no muy diferente de la vida de la mayoría de los mortales. Este, sin embargo, fue un momento fortuito para que esto cayera en mi regazo.

Esos tiempos sin incidentes se habían convertido en una bendición. En el pasado, la crisis, la enfermedad y la muerte eran el statu quo. Cuando era una jovencita apenas empezando la universidad, me enteré de que mi hermanita de seis años tenía leucemia infantil. Esto fue en los 70, cuando los tratamientos y las curas eran limitadas. Aunque era un viaje de 14 horas a mi casa esos días, pasé el mayor tiempo posible allí con mis padres y hermana. Me sentía atraída a esta niñita. En ese momento, era más que mi hermanita. Aunque era tan chica, me enseñó mucho sobre la vida, la enfermedad y la muerte. Obtuve mi título en tres años y corrí de regreso a casa cuando su salud estaba empeorando. Pude pasar alrededor de un mes con ella antes de su muerte. ¡Qué manera de saber lo corta que puede ser la vida! Su muerte moldeó gran parte de mi futuro. Sobre todo, tuvo un papel muy importante en mi forma de criar a mis hijos. Atesoré cada momento *dorado*.

Años más tarde, después de casarme y cuando mis hijos estaban en la escuela primaria, mi familia sufrió otro trauma. Mi hermano mayor, que era un entusiasta participante del mundo de los años setenta y ochenta de los músicos de rock y el estilo de vida que lo acompañaba, fue diagnosticado con cáncer de colon a la edad de 38 años. Fue otro año de tristeza y desesperación. De nuevo, me sentí muy atraída hacia él porque quería saber lo más posible sobre lo que estaba sintiendo y pensando, y simplemente para estar presente. Otra época estresante que me recordó, en caso de que lo hubiera olvidado, que la vida es corta y que ni un solo momento debe darse por sentado.

Después de su muerte, a los 40 años, de nuevo volví a cambiar mis prioridades.

Y ahora, aquí estaba, unos diez años después, y tal vez estaba olvidando esas lecciones. Supongo que necesitaba otra llamada de atención. Quería gritar, "¡ya estoy despierta!"

La adicción llegó y alteró las vidas de todos en mi familia, individualmente, pero a todos por igual. Todos perdimos la concentración en cualquier cosa, menos la enfermedad, el caos y la crisis. Todos manejábamos las cosas de manera diferente y nos empezamos a distanciar. Nuestra familia estaba siendo desgarrada por esta adicción, algo que ninguno de nosotros podía controlar, y se perdió la cohesión familiar. El caos se convirtió en gran parte de nuestra existencia cotidiana. Finalmente, vino la calma y, después de un duro trabajo en conjunto, la energía en la casa se elevó muy lentamente a un nivel casi aceptable. Durante este tiempo, se me volvió a recordar qué poco control tenemos sobre lo que sucede con los demás. En este punto, me prometí idear un plan que me ayudara a aprender a controlarme desde mi interior. Quería empezar a hacer elecciones conscientes para controlar mis percepciones y reacciones a las cosas. Sabía que sería un proceso lento, pero empecé.

En ese momento, decidimos que la familia necesitaba un tiempo de sanación y vinculación. Los muchachos se estaban preparando para volver a la universidad, al semestre de otoño. Todos estuvimos de acuerdo en que unas cortas vacaciones, lejos de la "pesadez" de los últimos meses, sería un buen plan. Afortunadamente (lo dejo a tu juicio), vivimos en Florida. La mejor forma de salir de manera rápida y barata en el verano, es abordar un crucero e ir al Caribe o México. Así que encontré el crucero más próximo, barato y agradable, y nos fuimos. Viajamos a través del estado para llegar al barco, con destino a México. Nuestro plan era sencillo: disfrutar de nuestra mutua compañía mientras nos relajábamos. Eso hicimos. Reservamos una de las excursiones planificadas en tierra para nuestro último día. Para aquellos que no están familiarizados con el verano en la Florida y el Caribe, es muy caluroso y húmedo todos los días — sofocante, se puede decir. Elegimos un viaje de todo el día a las antiguas ruinas mayas de Tulum. Como están sobre la costa, pensamos que debía haber una brisa y que serían maravillosas de ver. Nos pusimos la menor cantidad de ropa posible que fuese socialmente aceptable, y salimos con nuestras botellas de agua. El viaje del crucero a las ruinas nos tomaría dos horas. Cuando llegamos, caminamos con el guía hacia el área principal de las ruinas. ¡No podía respirar! No había aire. Podía sentir el sudor cosquilleando en mi piel mientras goteaba lentamente por mi espalda, mi nariz y el dorso de las manos. El guía nos decía lo afortunados que éramos. Ayer la temperatura fue de 45.5°C. ¡Hoy es solo de 39 grados! Mi marido, que adora los museos, ruinas, monumentos históricos, en realidad, cualquier cosa vieja pero nueva para él, estaba ahí parado debajo de un árbol pequeño, absorbiendo toda la información y los lugares. Mis hijos y yo estábamos un poco distraídos por el calor y las moscas. Sabía que ellos estaban pensando lo mismo que yo. ¿Dónde están los acantilados de la costa? Tiene que haber algo de brisa allí, ¿por qué no llegamos todavía? Unos minutos después, el guía nos dejó para que recorriéramos por nuestra cuenta y estoy segura de que sabes a dónde nos dirigimos. ¡No éramos los únicos! Subimos a los acantilados con vistas al agua, y era un sitio precioso. Las aguas de la costa de México son tan hermosas... Casi puedes saborear su color verde azulado. Había una brisa y cuando nos sentamos en las rocas estuvimos contentos y aliviados del intenso calor. Enseguida, mi marido decidió que era hora de explorar las ruinas. Aunque antes mi familia era extremadamente aventurera, no pudo convencernos. Se fue por su cuenta cuando prometimos seguirlo después. Pasaron veinte minutos. Era hora. Mi hijo menor y yo decidimos ir a buscar a Papá. Mi hijo mayor decidió que ya había visto suficientes ruinas y que se sentía bastante satisfecho tumbándose al sol en los acantilados y relajándose. Eso no sucedió.

No había pasado ni un minuto, cuando resbalé en las salpicaduras de sal del agua en una de las rocas en mi camino hacia abajo, me caí, me rompí la muñeca en dos lugares y quedé inconsciente. Mientras abría los ojos unos momentos después, oí a mi hijo gritando, "¡mamá, mamá!" Adiós a las vacaciones relajantes y curativas... Cuando mi hijo mayor escuchó los gritos y salió corriendo a buscar a su padre, empezamos nuestro viaje de dos horas para encontrar un hospital en la ciudad local cerca del barco. Esa experiencia será otra historia. Unas seis horas más tarde, justo a tiempo para abordar antes de que zarpara de vuelta a casa, regresamos al barco. Mi brazo derecho estaba cubierto desde la axila hasta las puntas de los dedos con un yeso duro color rosa neón. ¿Suficiente emoción? Esta fue una especie de nota al margen de la historia. Cuando subíamos por las escaleras para ir a nuestros camarotes, vimos un gran letrero en el vestíbulo principal del barco. "Huracán Charley se dirige a la Florida. ¡Probablemente alcanzará la Categoría 4 al tocar tierra!" Así que estábamos siguiendo a un huracán a Florida, que tenía una trayectoria prevista igual a nuestra ruta. ¡Muchas oportunidades de probar mis nuevas habilidades ese día!

Vivíamos en Florida hace 20 años y estábamos acostumbrados a las predicciones. Es algo con lo que los residentes de Florida nos encontramos normalmente. Otra cosa que no podemos controlar... el clima. Sin embargo, debido a las circunstancias de ese día, me sentía un poco negativa y empecé a seguir las noticias con interés. Cuando llegamos al puerto al día siguiente, el huracán, en efecto, había golpeado duramente, pero su trayectoria se había desviado un poco hacia el norte y no produjo daños en Tampa, donde habíamos desembarcado, como estaba previsto. Golpeó una zona menos poblada, pero igual fue un huracán fuerte. Tuvimos algunos problemas en el viaje a casa, conduciendo a través de escombros y árboles caídos en unas autopistas, pero llegamos sanos y salvos, y tratamos de verlo como un viaje exitoso.

Los muchachos empezaron a prepararse para su regreso a clases. Mi hijo mayor estaba por empezar su último año y volaría a Nueva York en unas dos semanas. Mi hijo menor pasaría un semestre en casa, asistiendo a la universidad local, una leve desviación de su plan original. Pensábamos que las cosas estaban por volver a algún tipo de orden. Nuevamente, nos equivocamos. Cuando se acercaba la semana de la partida de mi hijo mayor, los medios de comunicación empezaron su incesante seguimiento de una tormenta tropical. A menos que vivas en Florida o en los estados del Golfo, probablemente no sepas lo estresante que es esto. Empiezan a anunciar las coordenadas de la tormenta cada hora en punto. Luego están las imágenes de la trayectoria proyectada. Comienzas a prestar mucha atención para ver si tu ciudad está dentro del proyectado "cono de la muerte," como lo llamamos cariñosamente. Entonces comienzan los preparativos. Nadie quiere molestarse con todos los preparativos si no va a haber ningún huracán, pero esta vez parece que existe la posibilidad. Todos corremos a comprar pilas para las linternas. Empezamos a llenar jarras con agua todos los días. Sacamos todo lo posible del congelador para dejar espacio para las jarras de agua, en caso de que no hubiera energía eléctrica. Nos aprovisionamos de alimentos enlatados y pensamos en guardar los muebles de jardín en el garaje. Por si acaso. Cuando se acerca la tormenta, unos tres días antes, parece que será un gravísimo huracán categoría 3 o 4, y su trayectoria llevará al ojo de la tormenta directamente a través de nuestra ciudad. Ahora tenemos que decidir qué hacer. El vuelo de mi hijo sale del aeropuerto local dentro de dos días. ¿Queremos estar en casa en medio del ojo de la tormenta? ¿Nos sentimos con suerte? Tenemos una reunión familiar y decidimos que no nos vamos a quedar. Mis padres viven en la costa oeste (hacia Tampa). Se prevé que la tormenta solo rozará esa zona, así que allá podríamos estar a salvo. Las predicciones empeoran cada hora. Cambiamos el vuelo de mi hijo por uno que sale de Tampa. Empacamos algunas cosas y decidimos dirigirnos al oeste. En ese momento, casi todos en el sur de la Florida se dirigen al norte o al oeste. Las autopistas parecen estacionamientos, y las gasolineras se están quedando sin combustible. Hay colas de 100 personas que quieren usar los baños en las zonas de descanso de las casetas de peaje. La tormenta se está acercando rápidamente y tomamos algunos de los caminos secundarios. Nos toma seis horas y media en vez de las habituales tres horas de viaje. Nos sentimos afortunados de llegar sanos y salvos antes de la tormenta.

Durante las siguientes 24 horas vemos la televisión y Frances pasa a través de nuestra ciudad como un huracán categoría 2. Llevamos a mi hijo al aeropuerto justo en el momento en que la tormenta tropical atraviesa el área de Tampa. Nos quedamos esperando. Queremos ir a casa para ver qué queda. Las carreteras están cerradas y estamos cinco días afuera. Cuando abren algunas carreteras, decidimos tratar de llegar a casa. La devastación era desgarradora. Era difícil creer que las carreteras por las que íbamos eran las mismas por las que habíamos viajado regularmente en los últimos 25 años. La mayoría de los anuncios y los árboles se habían caído al paso de la tormenta. El centro de Florida tiene kilómetros y kilómetros de ranchos ganaderos. Los graneros no tenían techos, o ya no había más graneros. ¿Dónde estaba todo el ganado? Los cables eléctricos habían caído por todas partes y a medida que nos acercábamos a nuestro lado del estado, las cosas estaban aún peor. No había electricidad. No había anuncios. Las calles estaban llenas de escombros, de la vegetación y de los edificios. Estábamos atemorizados por el poder de la naturaleza. Cuando nos acercamos a nuestra comunidad, era difícil respirar. El aire estaba tan quieto. Las luces de la calle no funcionaban. Nuestra comunidad era bastante antigua y era conocida por sus grandes jardines llenos de árboles enormes. Habíamos vivido allí durante diez años y nunca vimos la mayoría de las casas porque estaban escondidas por los árboles. Ya no. Árboles, cables eléctricos, materiales de techos y basura estaban esparcidos por todas partes. Cuando nos acercábamos a casa, podíamos oír a todos conteniendo la respiración. Lo primero que vimos fueron nuestras cinco palmeras de Washington de 12 metros de altura, rotas como lápices, bloqueando la entrada. Tuvimos que estacionar el coche del otro lado y caminar hasta la entrada. Era casi de noche, y el sol se desvanecía. Septiembre en Florida suele ser devastadoramente caluroso, y ese día no fue la excepción. Había por lo menos 35 grados de temperatura. Entramos a la casa. Adentro no había muchos daños. Casi todo el daño había ocurrido afuera. Como no habíamos estado durante cinco días y no había habido electricidad casi todo ese tiempo, había olor a cosas podridas. Nuestra pecera de 550 litros estaba llena de peces tropicales muertos. La comida de los dos refrigeradores había empezado a pudrirse, y no había circulación de aire porque no había aire acondicionado. Estábamos agradecidos por lo que todavía estaba allí. Continuamos por la puerta trasera para descubrir que parte del mosquitero del porche había caído sobre la alberca, y los árboles habían caído por todas partes. Cuando tuvimos tiempo para evaluar los daños del jardín, contamos

36 árboles caídos. Estuvimos algunos días más sin electricidad. Tuvimos suerte; algunos de nuestros amigos tuvieron luz esa noche y nos invitaron a quedarnos con ellos. Pasaron tres días más hasta que se restableció la electricidad. Empezó la limpieza.

En las tiendas no hubo comida durante varios días. No tenían electricidad. Durante días tampoco hubo gasolina. Cuando finalmente llegaron los camiones a entregar la gasolina, no había electricidad para bombearla. Fue una época muy estresante para todos, y especialmente difícil para mí por el problema de la muñeca rota. Teníamos que ser muy cuidadosos cuando sacábamos a la perra porque no estaba acostumbrada a tener cuidado al caminar. Que pisara los escombros y se cortara no era algo que necesitáramos para empeorar una situación ya suficientemente complicada. Demoramos semanas en volver a algo parecido al orden. Por fin apilamos los árboles y los escombros a lo largo de la calzada y el camino para que los camiones los recogieran. La electricidad volvió y el olor se empezó a disipar.

Fue en ese momento, después de tratar de lidiar con la adicción de mi hijo, mi muñeca fracturada, un huracán menor y otro mayor, que decidí reevaluar mi nivel de estrés y la salud mental de la familia. Algo tenía que ocurrir, o todos íbamos a colapsar. Seguí practicando mi nuevo trabajo en mi persona. Cancelé mis periódicos. Las noticias eran demasiado estresantes. Sabía que si tenía que lidiar con algo importante, alguien me lo diría. Dejé de ver televisión por la misma razón. Dedicaba un poco de tiempo a primera hora de la mañana a conectarme con mi espíritu con algunas plegarias y una sencilla meditación. Traté de retomar el mantra que usaba en los primeros días de trauma, de no preocuparme hasta que tuviera que hacerlo. Sabía que tenía opciones. Elegí estar en calma.

Apenas empezaba a tener una mentalidad más positiva y un ritual regular para levantar el espíritu, todo volvió a empezar. ¡Era hora de volver a preocuparse! Mi hijo regresó de la escuela con la noticia de que se había formado una nueva depresión tropical, y se predecía que iba a seguir la misma trayectoria que la que nos acababa de golpear. Antes de eso iba a llegar el huracán Iván, que nos había pasado por alto esa semana, había vuelto y nos traía mucha lluvia en forma de tormenta tropical. ¿Qué íbamos a hacer esta vez? Decidimos quedarnos y ver qué pasaba. Inhalé profundamente, pensé algunos pensamientos positivos y me sentí bastante bien. Tenía una sensación de calma que me sorprendió. Sentía temor pero no era abrumador. Entonces, era hora de llenar las jarras de agua, guardar los muebles del jardín, etc. Frances se movió lentamente y nos trajo muchísima lluvia y ahora, después de Iván, realmente nos teníamos que preocupar por las inundaciones. Ahora teníamos la preocupación adicional de que todos los escombros que había por ahí empezaran a volar por doquier.

¿Cómo sería en realidad estar en medio de un huracán? Estábamos a punto de descubrirlo. Necesitaba aumentar mi plan para tener menos estrés. El huracán estaba a cuatro días de distancia. Una noche llené la tina, que nunca había usado, encendí algunas velas y escuché música edificante. Descubrí que esto también me gustaba. Era relajante, siempre y cuando no pensara mientras lo hacía. Saqué algunas grabaciones espirituales y de relajación de la biblioteca y las puse en mi reproductor de mp3. Las escuchaba mientras caminaba con la perra e incluso cuando nos estábamos preparando para el huracán.

El día llegó y solo era cuestión de horas. El huracán Jeanne iba en la trayectoria prevista directamente hacia nuestra ciudad. Todo estaba preparado, dentro de lo posible. Los autos, motos y objetos sueltos estaban guardados en el garaje. Los refrigeradores y congeladores estaban llenos de hielo, y había botellas de agua por todas partes. Había montones de pilas sobre los mostradores, junto con todas las linternas que pudimos encontrar.

Mi hijo, que ese día había desaparecido sospechosamente algunas horas, había vuelto y estaba dando los toques finales en el closet de la recámara principal, con frazadas, almohadas, más linternas, pilas y más agua. Este iba a ser nuestro "cuarto seguro" para el golpe directo; sin ventanas y sin paredes exteriores. Ya se había ido la luz. Empezamos un partido de Monopolio a la luz de una linterna. Tratamos de concentrarnos en el juego y no en el caos de afuera. Acababa de celebrar mi compra de Boardwalk y Park Place cuando las cosas empezaron a andar mal. Empezó a llover sobre Park Place, literalmente. ¿Era mi imaginación o también caía la lluvia sobre mí?

Nos pusimos a toda marcha cuando nos dimos cuenta de que el agua estaba entrando a la casa de varias maneras. Entraba lluvia por los tragaluces, y por los rieles de las puertas corredizas de vidrio. Agarramos todas las toallas y cubetas que teníamos, y nos dispersamos por toda la casa para secar todo lo posible y tratar de bloquear el resto. Justo cuando nos habíamos quedado sin toallas secas, escuchamos por la radio que lo peor del frente de la tormenta estaba por pegarnos. Todos corrimos al closet para ponernos a salvo. Esta tormenta también avanzaba lentamente. Realmente sonaba como una locomotora atravesando la casa. Pareció durar una eternidad. Los muchachos se durmieron rápido. Yo no pude dormir, pero hice algo de trabajo de meditación y relajación y luego salí para ver la tormenta.

Me di cuenta que ahora estábamos en el ojo de la tormenta. Es difícil predecir cuánto durará el extraño silencio y la calma del ojo, así que rápidamente llamé a la perra y salí con mi linterna para que hiciera sus necesidades. Era difícil saber qué había porque estaba muy oscuro, pero había un montón de vecinos con sus linternas, tratando de evaluar los daños. Nos apresuramos a entrar; no queríamos quedar atrapados en la estela de la tormenta. Enseguida escuchamos que la lluvia y el viento volvían a empezar. No volvimos al closet. Era demasiado caluroso y sofocante para una persona claustrofóbica como yo. Así que la perra y yo nos sentamos en el sofá de la sala y esperamos lo mejor. Después de una hora, más o menos, todo pareció estar en calma. Nos quedamos dormidas y cuando los muchachos se despertaron en la mañana, salimos todos juntos. De nuevo, no era agradable. Esta vez había más daños adentro. Pudimos ver que íbamos a tener que quitar las alfombras, reparar paredes, y limpiar el lodo que de alguna manera había entrado a la casa. Esta vez no había comida echada a perder, y como nunca reparamos ni remplazamos la pecera desde la última tormenta, tampoco había peces muertos. Todos habíamos sobrevivido y nuestra casa aún estaba en pie. Tenía mucho para escribir en mi nuevo diario de gratitud. ¡Los milagros ocurren!

Durante todo este ajetreo, supongo que no es de extrañar que la reciente crisis familiar comenzara otra vez. El problema de adicción de mi hijo había vuelto a ocupar el primer plano en nuestras vidas. Nuestra familia volvió a ser insalubre, y la tormenta en mi corazón coincidía con la tormenta de afuera. Mi nuevo plan no era rival para esto, pero estaba decidida a ser persistente. La vida tomaba una nueva perspectiva para mí. Me estaban pasando cosas negativas, pero las estaba tomando de otra manera.

Mi perspectiva había empezado a cambiar desde que implementé mi plan, y sabía que contaba con ayuda para superar todo. Mi espíritu se había convertido en mi nuevo mejor amigo. Estaba aprendiendo que fortalecerme y nutrirme me estaba ayudando a fortalecer a mi familia y a lidiar con el caos que me rodeaba. Todavía me pegaba con toda su fuerza, pero se estaba transformando en un desafío menor y convirtiéndose más en una oportunidad. Cuanto más meditaba y me aquietaba, mejor afrontaba las cosas. Durante los meses siguientes de caos y de limpieza, tanto de nuestro hogar físico como de nuestra familia quebrantada, me mantuve firme en mi plan y agregué nuevas herramientas diariamente. Pude concentrarme en el momento y estar en paz durante la mayor parte de la confusión. Con el paso del tiempo me hice más hábil en el uso de estas herramientas, y aunque mi vida parecía ser trágica, en realidad estuve más tranquila y feliz. Esto me permitió ayudar a mi familia a atravesar algunos de los momentos más difíciles de nuestras vidas, y vivir para contarlo.

Durante el siguiente año de limpieza de jardín y casa, planté un árbol, cosa nunca antes había hecho. Empecé por enderezar un pequeño arbusto de hibisco que había sido derribado en una de las tormentas y que había estado caído durante meses. Todas las mañanas miro el jardín para ver qué está floreciendo ese día. Puedo predecir el tono de mi día según la actividad de las mariposas. Me da mucho placer. De nuevo, afortunadamente vivimos en Florida, con jardines durante todo el año.

En el otoño del 2005, otra vez fuimos golpeados por un huracán, esta vez, Wilma. Acabó con el cerramiento de mi alberca y otra vez se metió la lluvia. Todavía estamos reparando todo. Tal vez siempre lo estaremos. Todo está bien. Creo que mi vida fue reencaminada para siempre, y algo extraordinario salió de todo esto. Es otro día en el paraíso y estoy agradecida.

CAPÍTULO CINCO

Mi hijo mayor estaba de regreso en la escuela, lejos del caos cotidiano, y teníamos que enfrentar esta nueva forma de vida. Gracias a Dios por el alivio cómico de esta perrita intratable. No hace falta decirlo, daba mucho trabajo y todo recaía en mí. A los drogadictos les cuesta cuidarse, así que era poco realista esperar que mi hijo cuidara a un cachorro. Las cosas empeoraron cuando mi hijo vivía con nosotros y seguía tomando malas decisiones. Estábamos sintiendo todas las ansiedades y miedos de todas las personas que aman a adictos. Podíamos ver cómo se deterioraba su salud. Hice todo lo que creía que tenía que hacer. Revisaba continuamente su cuarto, lo seguía a todas partes, lo interrogaba sobre todos los momentos de su día. Empezaron a desaparecer cosas y dinero, y tarde por la noche llegaba gente extraña a casa. Muchas veces llamaban por teléfono y cortaban. Había mucha energía negativa en la casa. Mi hijo estaba lleno de ira, se había puesto manipulador, y todos lo manejábamos de manera diferente. Sentía que nos tenía de rehenes en nuestra propia casa. Tuvimos que poner cerraduras en nuestro dormitorio y closets. Tuvimos que comprar una caja fuerte donde guardábamos cualquier cosa de valor. Mi marido esperaba que cerrara con llave todos los dormitorios, baños y closets cada vez que sacaba a la perra o salía a buscar el correo. De nuevo, la energía de la casa se puso explosiva.

Mi papel en todo esto empezó a cambiar gradualmente. Mi plan de reducción del estrés había comenzado a afianzarse, y mis días eran más tranquilos y menos caóticos. Fue bueno para mí, pero un misterio para los que me rodeaban. De hecho, cuando se acercaban las fiestas, y nos ocupamos más con las vacaciones y prestamos menos atención al adicto, las cosas alcanzaron rápidamente un nivel de crisis sin que nos diéramos cuenta. En vísperas de Navidad finalmente se tomó la decisión. Mi hijo ya no podría vivir con nosotros. O, debería decir, nosotros no podíamos soportarlo más. No íbamos a esperar hasta después de las fiestas. Esta sería su primera Nochebuena y Navidad sin su familia. Estábamos tristes. No creo que a él le importara.

Fue un triste día de fiesta para nosotros pero, en cierto modo, un alivio. Supimos de su paradero durante las vacaciones, y las cosas no iban bien para él. Sus expectativas de ser recibido con los brazos abiertos eran infundadas, y se encontró con grandes problemas. Estaba desesperado por alimentar su adicción y robó drogas de la casa de alguien. Por suerte para él, le dieron la opción de ir a un centro de desintoxicación o a la cárcel. Llegó al centro de desintoxicación y debía estar allí durante cinco días. Nos enteramos que había salido sin alta médica y estaba de nuevo en la calle. Esta es la peor pesadilla de un padre. No tiene sentido entrar en detalles sobre esto. Después de las fiestas terminó accediendo a ir al centro de rehabilitación anterior a desintoxicarse, y luego a una rehabilitación más prolongada en el oeste. Realmente no tenía alternativa. Así que otra vez pensamos que tendríamos un respiro del caos. Iba a pasar cinco días de desintoxicación y luego lo íbamos a recoger en la clínica y llevarlo directamente al aeropuerto, y juntos saldríamos a la rehabilitación a largo plazo a tres mil millas de casa.

Al tercer día, llamaron de la clínica de rehabilitación y me dijeron que tenía que ir a buscarlo. Aunque todavía no estaba completamente desintoxicado, le habían pedido que se fuera. Les estaba vendiendo drogas a otros pacientes en tratamiento. No había cama para él en el nuevo centro de rehabilitación hasta después de dos días y realmente yo no lo quería de nuevo en casa. Pero era mi hijo y lo amo. Lo recogí con tranquila reserva. Usé algunas de mis nuevas herramientas para calmarme. Realmente necesitaba estar tranquila durante este incidente. Él estaba causando estragos en el centro de rehabilitación y las enfermeras esperaban ver a una madre desesperada en negación. Supongo que a eso están acostumbradas. Por lo menos dos veces destacaron cuánto valoraban mi actitud y calma. En realidad, no podían creer lo que estaban viendo. Nos fuimos a casa, y mi marido y yo básicamente lo mantuvimos bajo custodia hasta que subimos al avión dos días después. Fue un viaje muy desagradable para ambos. Yo tuve que lidiar con su enojo y su frustración. Él tuvo que soportar la náusea y la diarrea por no estar desintoxicado y la falta de drogas. Estoy segura de que la situación habría sido diferente si se hubiera sentido bien. Mi hijo mide más de uno ochenta y yo apenas uno cincuenta y cinco. Tuve suerte de que estaba demasiado enfermo como para explotar. Mi hijo ya no era bienvenido a vivir con nosotros, y hubo un retorno gradual de la normalidad a nuestra casa.

SEGUNDA PARTE

PLANIFICANDO LA PAZ

*"Solo hay dos maneras de vivir la vida:
Una es como si nada fuera un milagro.
La otra es como si todo fuera un milagro."
Albert Einstein*

CAPÍTULO SEIS

El plan para recuperar mi vida comenzó incluso antes de que mi hijo reconociera su necesidad de hacer lo mismo y entrara en una rehabilitación a largo plazo. Retrocedemos ahora a cuando estábamos en medio del caos.

Pasaban los meses y los días parecían iguales. Yo fingía vivir como un ser humano y ser parte de la sociedad. Todo era una farsa. Mis días consistían en sentarme, sin importar dónde estuviera, y pensar en todos mis miedos y ansiedades relacionados con la adicción de mi hijo. No había concentración en ninguna otra cosa. La organización sin fines de lucro que dirigía tenía que dirigirse sola lo más posible, y otros tenían que acelerar el ritmo, sin saber por qué. ¿Quién quiere hablar de la adicción a las drogas de su hijo y ser juzgado? Me sentía culpable, pero no tenía energía para centrarme. Las facturas no se estaban pagando, y las tareas diarias no se estaban realizando. El único miembro de la familia que recibía algo de atención era el adicto. ¿Cómo se sentía por esto el resto de la familia? En ese momento, no tenía la energía como para que me importara. Lo único en que pensaba o me preocupaba era si mi hijo seguiría vivo al día siguiente. Solo me concentraba en los *¿y qué tal si?*

Un día me di cuenta. Los dolores de cabeza que nunca había tenido en mi vida se estaban haciendo más graves y más frecuentes. Estaba aumentando de peso por no hacer ejercicio y comer mal. Me alteraba cada vez que sonaba el teléfono o se abría la puerta. Esta no era yo, solo la persona en quien me había convertido. Se me ocurrió que, un día, mi hijo y los demás adictos en mi vida podrían, con suerte, encontrar su camino y convertirse en miembros felices y productivos de la sociedad. Al ritmo que iba, podría estar demasiado enferma o muerta para disfrutarlos. Me di cuenta que era la única cosa que podía controlar. Decidí levantarme y aprender a (según las instrucciones en una antigua canción de Paul Simon) "dominar lo imposible en mi vida".

En lugar de sentarme y concentrarme en mi hijo, lentamente cambié a mi nuevo objetivo. Comencé a frecuentar mi biblioteca local y prácticamente absorbí todo lo que pude encontrar sobre los temas necesarios. Empecé con información sobre alivio del estrés. Debes entender que mi concentración era mínima y mi capacidad de atención, diminuta. La investigación que hice fue singular y muy diferente del método específico y detallado al que estaba acostumbrada antes. Estuve en negocios internacionales durante mucho tiempo y trabajé con licencias y aduanas. Era una forma muy detallada de ver las cosas, tediosa pero necesaria. Pero esta era información básica, fácilmente entendible para las masas. Ahora, mi cerebro solo podía funcionar de esta manera.

Leí libros sobre facilitación, mentes adictivas, supervivencia dentro del caos, meditación simple, libros escritos por adictos para adictos, libros escritos por terapeutas, etc. Fui a seminarios conducidos por especialistas en adicción. Leí sobre distintas filosofías de rehabilitación y me convertí en asistente regular a un grupo de apoyo local para familias y amigos de drogadictos. Investigué en volúmenes de libros, revistas, CDs, DVDs y periódicos, haciéndome, de hecho, adicta a aprender a vivir con esto y salir airosa.

Así que, a medida que pasaban los días, pude sacar algo de mi atención de estar viviendo la vida de mi hijo adicto y empecé a vivir la mía. Solo el aprendizaje y la planificación de qué hacer para recuperar mi vida fue un comienzo terapéutico de mi plan.

Como dije antes, encontré un grupo local que tenía reuniones una vez por semana y empecé a asistir. Inmediatamente me sentí aliviada al estar en algún lugar durante una hora a la semana donde podía prestar atención a otras historias, quitar mi mente de mis problemas y estar en un lugar donde no tenía que explicar nada. Todos lo sabían. Además, escuchaba atentamente y a menudo escuché historias que eran mucho peores que la mía, y de una forma enfermiza, eso me hizo sentir mejor. Este grupo en particular era un programa de 12 pasos. No es eso lo que me atrajo y tampoco es la clave de lo que me hizo seguir yendo. No es necesario ser un creyente en la filosofía de los doce pasos para obtener un beneficio de estos grupos. Los pasos están allí si los quieres. Este tipo de grupo fue la única "ayuda" que encontré que no tenía un costo prohibitivo ni requería esfuerzo. Con mi estado de ánimo, no había manera que fuera capaz de hacer algo que costara mucho esfuerzo y socialización de mi parte. Entonces, este fue el primer paso que di, y creo que fue un buen comienzo. El grupo te informará al principio que su propósito es ayudar a otros a recuperar sus vidas y aprender a cuidar de sí mismos. No es un lugar para aprender a curar y a controlar a los adictos.

Pasé mucho tiempo organizando libros y otros materiales y eligiendo cuáles ideas probar y cuáles descartar. Leí incontables libros sobre meditación simple. No fue hasta que dejé de leer acerca de eso y realmente lo probé, que me di cuenta del impacto que una cosa tan simple, practicada unos minutos al día, podía tener. La meditación, para alguien que no tiene concentración, no es algo fácil. Recuerdo que traté de hacer lo que parecía ser una de las meditaciones más simples que encontré. El plan era salir a caminar y contar mis pasos mientras caminaba. Cuando llegara a 100 pasos contados sin perder mi concentración en el recuento, podría ir a casa. Si perdía mi concentración, tendría que empezar a contar desde el número uno. Bueno, la primera vez que lo intenté, caminé durante una hora y media y nunca llegué a 100 sin perder la concentración. La belleza de este ejercicio era que, aunque seguía dejando que mi mente volviera a mi hijo y sus problemas, durante los momentos que estaba contando, mi mente estaba prácticamente vacía de tensión y miedo. Más sobre todo esto cuando lleguemos al Plan.

Debido al problema con la concentración (en cualquier cosa menos el miedo), comencé a escribir mucho. Esto se convirtió en una necesidad. Y también en un escape. Aprendí el valor de escribir las cosas "para después." Empecé a llevar un diario. Estaba conmocionada y sorprendida, cuando releí mis pensamientos anteriores, por lo mucho que aprendí sobre mí. Esta parte del Plan es una de las más valiosas para mí. Merece todo un capítulo propio.

La adicción de mi hijo continuó; empecé a diseñar este plan y me di cuenta de que nuestra relación había cambiado. Yo tenía opciones y él también las tenía. Siguió tomando malas decisiones y yo lentamente empecé a tomar mejores decisiones. Esto es algo muy importante para destacar. No había cambiado nada en todo el esquema de la adicción, pero mis días parecían muy diferentes y mejores. Poco a poco empezaba a ver cómo las opciones y las percepciones desempeñan un papel muy interesante en la forma en que transcurren nuestros días y simplemente, en cómo es la vida.

Y hablando de escribir las cosas... Fue en este momento que decidí organizar, en una lista muy sencilla, cuáles de las herramientas que había leído valía la pena probar, y las que ya había probado y me habían funcionado. Quería sentirme más sana (de cuerpo, mente y espíritu). Quería sentir algo de paz y serenidad, al menos una parte de cada día. Quería formas prácticas de mantener mi cordura cuando el caos estaba reclamando a todos los demás. Así que, organicé y reorganicé. Prioricé y volví a priorizar. Finalmente, cuando estuve satisfecha con mis opciones, elegí algunas en las cuales concentrarme y ver qué pasaba. Durante las semanas siguientes, por suerte o por desgracia, tuve la oportunidad, en varias ocasiones, de ver cómo iban las cosas y su efecto en medio del caos. Mi vida había comenzado a cambiar, y pude ver que era mi decisión y mi control. Gran parte de lo que encontrarás en este plan te parecerá ridículamente simple, al principio, y podrás dudar de su valor. Es mi experiencia probada y honesta que te ofrezco como testimonio. Empecé con pasos muy cortos, una y otra vez. Cuando estos sencillos pasos se convirtieron en un hábito, realmente tuvieron un impacto. Todo esto implicará un duro trabajo, pero los beneficios serán asombrosos. Tú lo vales. Mientras escribo este plan, admito que estoy a alrededor del 85 por ciento de mi capacidad. Es parecido a tratar de bajar esos últimos 7 kilos de peso. Aprecio el 85 por ciento y no planeo devolverlo jamás. El último 15% puede o puede no suceder, pero mi vida es un flujo constante de maravillas y pequeños milagros ahora que tengo el enfoque para ser consciente de ellos.

CAPÍTULO SIETE

Todos tenemos factores estresantes en nuestras vidas, sobre los que realmente no podemos hacer nada. Hay muchos factores estresantes con los que tratamos de lidiar, pero en realidad, podemos eliminarlos si elegimos hacerlo. La elección juega un papel importante en mi plan. Con el tiempo comencé a darme cuenta de cuántas elecciones tenía sobre la forma en que pasaba mi vida, mis días, mis minutos. Los primeros pasos fueron fáciles. Cancelé mis periódicos. No necesitaba vivir las tensiones de todo el mundo. Sentía que si tenía que saber algo, alguien me lo diría. Normalmente, me despertaba, buscaba mis periódicos, veía las noticias de la mañana mientras leía los periódicos y tomaba una taza de té. Esta rutina fue eliminada inmediatamente de mi vida. Dejé de ver los programas de noticias y reservé mis mañanas como las horas tranquilas del día. Esto me dejó por lo menos una hora libre para hacer algo positivo que estableciera el tono del día. Este fue un cambio muy radical, pero requirió muy poco esfuerzo para iniciarlo. Me sorprendió gratamente lo fácil que me resultó dejar de ver las noticias. Empecé a sentirme menos estresada inmediatamente. No solía ver mucha televisión, pero me di cuenta de que cuando la veía en la noche con mi marido, los programas solían ser de violencia y drama. Bueno, vivo suficiente drama en mi vida cotidiana, con los problemas de adicción y los temores, que decidí eliminar cualquier drama de la televisión. Esto, por supuesto, era casi todo. Y también me dio más tiempo libre para hacer otras cosas.

Aunque mi siguiente paso era un poco más radical y difícil de lograr, decidí que era necesario. Comencé a cortar lentamente mis relaciones con algunas personas, periféricas al principio, de cuya cercanía no disfrutaba y que provocaban estrés en mi vida. (Sí, hubiera sido genial eliminar a la gente más estresante de mi vida, pero no era posible; son los que más quiero). Como viste en mi historia, finalmente tuve que sacar a mi hijo de mi casa.

Todo empezó lentamente. La mayoría de las "herramientas" de mi plan empecé a usarlas gradualmente. Este será un tema permanente. Esta nueva forma de vida podría haber sido abrumadora si no hubiera dado pasos pequeños al principio. La clave de todas las herramientas que finalmente decidí usar para implementar mi plan fue la consistencia. Una vez que elegía una, la usaba, aunque solo fuera unos minutos al día y finalmente se convertía en hábito. Cada paso que daba, no importa lo pequeño e insignificante que pareciera en el momento, contribuía a mi cordura y serenidad. A medida que pasaba el tiempo, pude acumular minutos y luego horas de paz, mientras vivía en medio del caos. A esta altura podrás estar pensando que el tiempo libre no es algo bueno. Los miedos y ansiedades tienen la oportunidad de invadir el "espacio libre" de tu cerebro, lo que es desastroso. Después del proceso de eliminación de cualquier cosa que entre en tu ámbito de tensiones innecesarias, es hora de comenzar a llenar el tiempo con recompensas, al principio, pequeñas.

CAPÍTULO OCHO

Necesitaba empezar a rodearme de gente otra vez. Necesitaba rodearme de gente con la que quería estar. Mi vida estaba llena de temerosos y ansiosos familiares, conocidos y compañeros de trabajo no enterados de la situación, y esos amigos y miembros de la familia siempre juzgaban y ofrecían consejos. Incluso las personas que yo consideraba mis amigas tenían consejos y un aire de juicio que a veces era insoportable. Tampoco me gustaba la parte de la pena. Aquí es donde entró en juego el grupo de apoyo local. Durante mi extensa investigación, había leído sobre estos grupos familiares locales. Aunque no necesitaba estar en ninguna parte más deprimente y negativa que donde ya estaba, estaba desesperada. Me sorprendió gratamente. Asistí a mi primera reunión. Escuché y observé, y nadie esperaba mi participación. No participé. Tomé esa primera reunión como mi primera "recompensa" por tratar de mejorar mi situación. A medida que pasaba la hora, noté algunas bromas y risas entre los asistentes y me pregunté si, en efecto, estaba en el lugar correcto. Luego escuché sus historias y me di cuenta de que toda esta gente vivió mi historia, la mayoría aún más trágica y más prolongada. Había historias de visitas a las cárceles, hospitales, muertes, de tener que criar nietos debido a la adicción, y más y más. Allí no había nadie para juzgarme y culparme de todo esto. No había consejos, solo experiencia. De hecho, todos estaban allí con el mismo propósito, reclamar sus vidas a pesar del caos a su alrededor.

Este grupo en particular era un programa de 12 pasos, muy popular esos días en el campo de la recuperación. Aunque no me atraen particularmente la estructura y la rigidez de algunos de estos programas, hago lo que sugieren y funciona bien para mí. La sugerencia es "toma lo que quieras y deja el resto". En los primeros meses de asistencia a esas reuniones, literalmente iba como un escape de mi realidad, para escuchar las peores realidades de los demás. Era un alivio estar en alguna parte una hora por semana, donde nadie me juzgaba por ser una mala madre o por no hacer lo que tendría que estar haciendo (lo que fuera) por mi hijo. Me daba esperanza ver a algunas de estas personas que aparentemente estaban en paz, en distintos grados, y con esperanza. Recomiendo probar estos grupos, pero te puedo decir que no todos son iguales, y que no son para todos. No había muchas opciones de donde ir a pedir ayuda, y estas reuniones son gratis y no son amenazantes. Es un buen lugar para empezar. (Ve las páginas de referencia para encontrar reuniones en tu área).

CAPÍTULO NUEVE

Ya era hora de llenar el tiempo "libre" con momentos positivos y valiosos. Mi prioridad era relajar realmente mi cuerpo y mi cerebro. La mayoría de mis investigaciones indicaban que mi mejor opción era algún tipo de programa de meditación o hipnosis. Reuní algunos formatos sencillos de meditación y muy lentamente los empecé a probar y practicar. Mi intención no era la espiritualidad (aunque sin duda no estaba contra eso) sino algo mucho más simple, solo aprender a vaciar mi mente. Cualquier cosa que entrara en mi mente para tomar el control del espacio vacío no era mi preocupación en ese momento. No pensar, descansar mi mente para que se relajara mi cuerpo tenso era mi única meta en ese momento. Entonces, empecé con la meditación de la caminata que mencioné antes. Incluso eso era demasiado complicado para mí en ese momento. Probé la meditación muy básica con la que empieza la mayoría de las personas, seguir mi respiración. Traté de concentrarme en inhalar en un segundo, exhalar en dos, y así sucesivamente. Así de mala era mi concentración. ¡Ni siquiera podía hacerlo durante un minuto sin tener que volver a empezar muchas veces! Sin embargo, perseveré y, después de muchas "segundas oportunidades", lentamente empecé a lograrlo.

Junto con la sencilla respiración, encontré algo que, para mí, funcionó aún mejor. Observaba a mi perra descansando cerca de mí y seguía su respiración. Requería más atención porque, a diferencia de mi propia respiración, no podía anticipar la suya; realmente tenía que estar atenta al movimiento de su pecho. Su respiración no siempre era regular, sobre todo cuando estaba teniendo "sueños de cachorro", y ésta se convirtió en una de mis meditaciones más populares para vaciar la mente.

Otra meditación (o ejercicio de concentración) era algo que me relajaba. Encendía una vela pequeña, con o sin aroma y miraba la llama, concentrándome en el ritmo de su danza y movimientos irregulares. Trataba de observarla durante medio minuto. Luego cerraba los ojos y "veía" cuánto tiempo podía mantener la visión de la llama bailando en mi mente. Esto requirió mucha práctica pero también era divertido, casi como un juego.

Una habilidad en la que trabajé durante mucho tiempo, empezando muy lentamente y aumentando el tiempo, es uno de mis mejores métodos de meditación para escapar mentalmente de una mala situación. Probablemente, es un poco más auto hipnosis que meditación pero se lo recomiendo mucho a todos. Inicialmente, tendrás que practicarlo en un lugar tranquilo sin distracciones, pero después de mucha práctica, no importa dónde estés o si estás en un lugar tranquilo, porque en tu mente estará en un lugar tranquilo sin distracciones. Esto te puede sonar imposible y ridículo. A mí también, al principio. Sinceramente, no recuerdo exactamente cómo me lo enseñaron, así que vas a recibir mi versión.

Acuéstate o siéntate en una posición relajada en un lugar tranquilo, sin distracciones. Cierra los ojos. Piensa en un lugar donde te gustaría estar, donde puedes estar a salvo, protegido de todo el caos a tu alrededor, y realmente puedes sentir bienestar. Empieza a enumerar en tu mente todos los detalles de ese lugar (colores, aromas, temperatura del aire, sonidos, etc.) y luego enumera, con todo detalle, cómo te sientes en este lugar. Cuanto más detalladas sean tus listas, mejor funcionará este ejercicio. Te estás concentrando solamente en cosas buenas y vaciando tu mente de negatividad. Al principio te tomará un tiempo establecerte donde quieres estar y concentrarte en los detalles. Hazlo todo el tiempo que puedas, probablemente serán solo unos minutos cada vez. Eventualmente —me tomó muchos meses, en realidad— verás que puedes ponerte en ese lugar casi de inmediato y sentir los buenos sentimientos que tienes ahí. Cuando adquieras habilidad en esto, será algo que podrás usar como herramienta cuando, de lo contrario, estarías a punto de explotar por otra crisis. De hecho, a veces puedo ir a mi "lugar" en mi mente mientras estoy hablando con alguien o activamente tratando de resolver un problema. Literalmente, puedo dar un "paso atrás" sin que nadie a mi alrededor se dé cuenta de lo desconectada que estoy. Esto resulta útil a menudo durante la instigación y los intentos de manipulación de nuestros seres queridos que son adictos activos. Es una habilidad maravillosa para usar en muchas situaciones de la vida. Recuerda, practícala y, con el tiempo, se convertirá en hábito.

Una variante del ejercicio anterior, algo más corta pero que puede ser igualmente efectiva, es otra cosa buena para hacer en una situación de crisis. De nuevo, empieza a aprenderla en un lugar tranquilo y sin distracciones, con los ojos cerrados. Piensa en un momento y un lugar tan increíble para ti, que puedes sentir la misma sensación que sentías cuando piensas en ello. Aquí uso algunas cosas diferentes. Te voy a dar un ejemplo de lo que uso y creo que entenderás cuál es el objetivo. Para mí, las emociones positivas más intensas que he sentido fueron los dos momentos en que los médicos pusieron a mis hijos recién nacidos en mis brazos. Es una emoción que nunca podré olvidar y a la que recurro a menudo para escapar de las hormonas del estrés que se apoderan de mi cuerpo. Pude sentir la emoción y la alegría fluyendo dentro de todo mi cuerpo y alrededores, y nada podía cambiar esa emoción. Fue tan intenso, nunca olvidaré cómo se sentía, y usando esta herramienta a menudo puedo pasar mucho tiempo sintiéndome feliz y agradecida. Lo importante a recordar es que nuestro objetivo es reducir la tensión y relajar nuestros cuerpos y nuestras mentes. Tenemos que poder centrarnos para que cuando todo el mundo a nuestro alrededor esté envuelto en el caos, alguien estará alerta y podrá actuar de manera adecuada y sensata. Es importante ser capaz de concentrarse en la situación e ignorar las distracciones. Esta práctica nos prepara para esto.

Cuando uses estos ejercicios de concentración regularmente, aunque sea unos minutos cada día, verás que logras tener más momentos de calma todos los días. Incluso algunos minutos para empezar el programa van a marcar una diferencia. Simplemente liberar tu cuerpo y mente de la tensión constante, dándoles un respiro, aunque sea breve, puede marcar una diferencia en tu salud. A medida que vayas practicando algunos de estos ejercicios, te encontrarás inventando otros que se adapten a tus horarios y estilo de vida. Recuerdo una vez que estaba sentada en el coche, haciendo cola en la ventanilla del banco, cuando una mosca empezó a caminar en mi espejo retrovisor lateral. Esa vez decidí concentrarme en la mosca, con todo detalle. Mi concentración estaba mejorando, y cada día podía ver más detalles y prolongar el tiempo que pasaba sin concentrarme en el caos. Noté que la mosca tenía una especie de patrón en todo el cuerpo. Caminaba rítmicamente y sus ojos se movían de manera rara. Después de un tiempo, se convirtió en un juego para mí. Antes de empezar a usar mis herramientas y tratar de conservar mi cordura, esta cola me habría parecido un verdadero desastre. El tiempo de inactividad me hubiera agarrotado los músculos, y habría tenido toda clase de pensamientos ansiosos y miedos a cosas que probablemente nunca pasarían y, seguramente, una rudeza innecesaria al llegar a la ventanilla. ¡Salvada por la mosca!

Si puedes recordar tomarte unos momentos aquí y allá durante el día de tu ocupada agenda, para centrarte en las cosas buenas o eliminar las malas, verás cómo cambia tu vida. Es fácil encontrar estos momentos, solo tienes que acordarte de hacerlo. Mientras estás en el semáforo, o manejando, es el momento perfecto para estudiar las nubes o las gotas de lluvia, o a la persona del coche de al lado. ¡Recuerda los detalles! Si te concentras demasiado, un bocinazo de atrás te pondrá en marcha de nuevo. Esperamos mucho tiempo por muchas cosas en nuestra vida diaria. Usa esas ocasiones como oportunidades para hacer meditaciones rápidas y simples en vez de que sean desafíos.

Cuando me tomé el tiempo para concentrarme en cosas comunes, empecé a darme cuenta de lo extraordinarias que son las cosas. ¿Sabes cuántos tipos diferentes de mariposas pasan cualquier día de primavera? ¡Hay tantos patrones diferentes en sus hermosas alas! ¿Alguna vez te fijaste realmente en lo hábiles que son los pájaros para sacar los bichos de la tierra y alimentarse? ¿Alguna vez te tomaste el tiempo para observar a esos pájaros despegar, volar y aterrizar, preguntándote cómo lo hacen? ¿Alguna vez te tomaste el tiempo para pensar en cosas como qué estará pasando realmente en esa tierra bajo la capa de hierba? ¿Cuántos seres vivos hay ahí, y qué hacen todo el día? ¿Por qué las nubes se ven tan esponjosas?

Mientras hacía mi investigación, leía lo que mucha gente decía, por ejemplo, que la meditación es buena para la relajación y la concentración. También había ejemplos de los métodos a utilizar. Como ya dije varias veces en este libro, como madre de un adicto empecé a perder mi capacidad de concentración y de hacer cualquier cosa en profundidad. No solo era incapaz de leer una novela simple y recordar lo que leía; apenas podía leer un artículo de revista completo, siempre y cuando estuviera en una sola página. Así que lo que quería ver en toda esta investigación eran ejemplos exactos de instancias en las que la gente pudiera usar estas habilidades en su vida cotidiana. Quería saber cuán relevantes eran a mi vida de amar a adictos y alcohólicos. Por muchas razones, si bien se han escrito cientos y miles de libros igualmente útiles, muchas personas que aman a adictos creen que son diferentes. Es distinto a enfrentarse con un ser querido enfermo o moribundo. Es distinto a enfrentarse con nuestra propia enfermedad. Es diferente a sobrellevar la enfermedad mental, propia o de un ser querido. Además de los miedos y ansiedades propias de esos problemas, están los elementos de decisión, culpa, actividad criminal, agresión y manipulación, por nombrar algunos. Haré todo lo posible por integrar estas herramientas con experiencias personales.

El siguiente es un ejemplo perfecto de recurrir a mi práctica de meditación para mejorar mi situación durante una crisis.

Después de que mi hijo había pasado casi 90 días en el centro de rehabilitación del oeste (a 3,000 km de nuestra casa), recibí una llamada temprano por la mañana de la directora del establecimiento. Esta sería la tercera vez que mi hijo había estado en un programa de rehabilitación, así que en este momento me sentía cautelosamente optimista sobre el valor de los programas de rehabilitación. Ella muy tranquilamente me dijo que mi hijo de 20 años de edad había dejado las instalaciones durante la noche con un residente nuevo. Su política era que si un residente se iba por su cuenta antes del momento acordado, no se le permitía volver al establecimiento. Me informó que no sería bienvenido para volver aunque él lo deseara. Cuando le pedí que evaluara la situación, dijo que el hombre con quien se había ido mi hijo podía ser peligroso. Se refirió a él como "pandillero", lo que no significaba mucho para mí en ese momento ya que no era parte de mi vocabulario. Cuando le pregunté si era posible que mi hijo estuviera muerto a un lado de la carretera en algún lugar, ella no lo descartó. Nadie sabía dónde estaba mi hijo, era una posibilidad que estuviera en peligro, y no había forma de encontrarlo. Como sabemos la mayoría de nosotros que tenemos relaciones con adictos, todo esto no es inusual, en realidad. Da miedo, ¿verdad?

Mi marido y mi hijo mayor estaban en casa cuando recibí la llamada. Después de transmitirles la información, llegó el momento del pánico. Aquí entró en juego mi "entrenamiento". Este era el momento perfecto para dejarse invadir por el caos, el miedo, la ansiedad y el pánico. En cambio, dejé a mi familia con sus propias inseguridades y me excusé por unos minutos. Antes de que los músculos empezaran a contraerse, antes de que empezara el dolor de cabeza y las hormonas del estrés fluyeran desenfrenadamente, fui a un lugar tranquilo, respiré profundamente durante unos diez minutos y mantuve mi mente totalmente libre de todo. No pensé en una estrategia, ni grité, ni pensé demasiado; solo fui. Creo que mi familia pensó que había perdido la cordura. Ni se imaginaban que la estaba encontrando. Cuando terminé mi meditación, me sentí en calma y con la cabeza despejada. Evalué la situación y decidí llamar de nuevo a la directora para pedirle más detalles y preguntarle cuáles eran mis opciones. Volvió a decirme que recibirlo de nuevo estaba en contra de su política, y me dio los nombres de otros dos establecimientos en los que podría entrar si todavía quería recuperarse. Sobra decir que ese pudo haber sido uno de los peores días de mi vida; sin embargo, resultó ser bastante interesante y un real testimonio del valor del trabajo que había estado haciendo por mí misma. Sin entrar en detalles sobre el día, te diré que creo que permanecer en calma y equilibrada ese día fue crucial para el futuro de la recuperación de mi hijo.

Después de un día muy largo, el resultado fue un verdadero milagro. A la medianoche, volvieron a recibir a mi hijo en el mismo establecimiento, aunque nunca antes habían cambiado su política, y siguió allí cuatro meses más. Sí, había usado drogas y había recaído la noche en que se fue, y se había puesto en una situación muy difícil, pero después de una cadena de eventos casi increíbles (mi participación fue un eslabón de esa cadena de eventos), ha estado limpio y sobrio desde esa noche, hace casi cuatro años. Me gustaría recalcar en que algo muy pequeño, como una meditación de diez minutos jugó un papel muy importante en este escenario. Cada pasito al frente cuenta.

En la sección de referencias, más adelante en este libro, encontrarás algunos libros sobre meditación que me parecieron útiles y a los que todavía recurro buscando ideas nuevas. Son sencillos pero muy efectivos.

CAPÍTULO DIEZ

Las herramientas de esta sección son obvias para los que no están distraídos por el caos. Esto es más un recordatorio de que tenemos que volver a hacer algunas cosas por nosotros mismos en lugar de dedicarnos solamente a hacer cosas por los demás. Cuidarnos nos puede hacer mejores personas.

BAÑO DE TINA: Después de vivir en la misma casa durante más de diez años y después de un día especialmente extenuante viviendo con un adicto, decidí poner agua en la bañera que nunca había usado, añadir un baño de burbujas y un poco de aceite, encender unas velitas y apagar las luces. De nuevo, me metí en la bañera, medité sobre el parpadeo de las velas y olvidé momentáneamente los temores del mundo exterior. Este se convirtió en otro hábito y siento que a veces salvó mi cordura. En ocasiones agregué a esta combinación algo de música calmante. Era como una mini vacación de todo. Esta es otra forma de conseguir algunos minutos de cordura. Sí, el caos todavía te está esperando, pero robarle unos minutos puede hacer maravillas para aliviar la tensión de tu cuerpo y tu mente.

CAMINAR: Me gusta caminar. Todos sabemos que oxigenar el cerebro y, de hecho, todo el cuerpo, nos mantiene alertas y saludables. Cuando era adicta a mi adicto y no tenía ningún otro foco de atención, dejé de hacer ejercicio y caminar. Cuando me decidí a comenzar este programa, temía que caminar le iba a dar a mi cerebro mucho tiempo libre otra vez y me volvería más loca. Entonces, fui a la biblioteca y descargué algunos libros interesantes de motivación e inspiración en mi reproductor de MP3 y los escuchaba mientras caminaba. Esta fue otra forma positiva de distraerme del caos en mi vida mientras agregaba otras herramientas para aumentar mi bienestar. A menudo escuchaba música con mensajes positivos solamente, música que generalmente me traía recuerdos de los buenos tiempos. De cualquier modo, no me permitía caminar en silencio, lo que habría permitido que los miedos y ansiedades entrasen en mi mente. Caminar puede tomar bastante tiempo, pero siendo creativo, puedes acomodar la caminata en tus actividades cotidianas. También, recuerda la meditación para caminar. Si caminaba de un lugar a otro, tal vez haciendo diligencias, contaba mis pasos para llenar ese espacio vacío y bloquear los pensamientos caóticos. Algunos de los libros que me parecieron especialmente útiles están en la sección de referencias.

MÚSICA: Hablemos de la música. Empecé a escuchar música, pero solo de cierto tipo. Cada uno tiene sus propios gustos personales, pero pensé que la música con mensajes negativos, ásperos (aunque tuviera un ritmo rápido) debía ser eliminada, igual que las noticias. Me resultó útil encontrar música, incluso una en la que normalmente no me interesaba, que tocaba el tema de las buenas relaciones, especialmente en ese momento, buenas relaciones entre madres e hijos. Por ejemplo, me encontré un álbum de Celine Dion, llamado *Milagro*. Está dedicado a la relación con su hijo. En realidad, nunca fui fan de esta cantante y no tengo ninguno de sus álbumes. Sin embargo, éste me conmovió porque estaba tan desesperada por volver a esa época en que mi hijo y yo éramos tan unidos. Disfrutaba esa música, sabiendo que cuanto más pudiera sentir esos buenos sentimientos de nuestra buena relación anterior, casi podría hacerlos volver. Escuché de otros padres que les dolía escuchar ese tipo de música, porque extrañaban muchísimo esas relaciones y lo que solían ser sus hijos. Supongo que todos somos diferentes. A mí me daba esperanza. De alguna manera me confirmaba que en algún lugar de ese cerebro y cuerpo devastados, adictos a las drogas, ese dulce niño aún estaba allí para volver a descubrirlo. La música era terapéutica para mí. Cada vez que podía, escuchaba música "divertida". Tengo un pequeño convertible. Como vivo en Florida, puedo usarlo descapotado casi todo el tiempo. Era otra forma de escapar, con la alegre música sonando y el viento en mi cara. Siempre trataba de concentrarme en el manejo y la música, y dejar el caos para otro momento. Entonces, las caminatas, los baños de tina, el manejo, eran más momentos de cordura que decidí incorporar a mi plan. Sólo como recordatorio, la elección es un factor clave aquí.

GRATITUD: La adicción puede y, de hecho lo hace, apoderarse de las vidas de familias enteras. A menudo puede parecer que el mundo entero está en nuestra contra y estamos solos con nuestros miedos y ansiedades. Solo podemos ver la destrucción de una vida y una familia, y se vuelve abrumador. Es importante no perder de vista la realidad. Sí, hay caos a nuestro alrededor pero las buenas cosas de nuestras vidas todavía están allí. No desaparecieron. Todos tenemos muchas cosas que agradecer. Hasta que lo recordé, estuve perdida. Alguien me sugirió que recordara también las cosas buenas de la vida. Así que hice un plan, uno muy sencillo, para empezar mis días. Desde que el dolor de la adicción me había tocado, me resultaba difícil hasta levantarme por la mañana. Por supuesto, no dormía muy bien, así que siempre estaba cansada. Cuando me despertaba en la mañana, mis primeros pensamientos eran sobre las cosas horribles que pasarían ese día. ¿Mi hijo estaría vivo? ¿Lo encarcelarían? ¿Discutiríamos? ¿Cómo se manifestaría la manipulación de hoy? Esto era lo que determinaba el tono de mis días. Así que con mi nuevo plan decidí hacer una nueva elección. Cada mañana, incluso antes de levantarme de la cama, pienso y elijo cinco cosas por las que estoy agradecida. Por ejemplo, agradezco a menudo simplemente mi taza de té caliente en la mañana. Pienso en el sabor, el olor, la sensación de la taza caliente y lo relajada que me siento cuando lo estoy tomando. Después de elegir cinco cosas diferentes y de concentrarme realmente en ellas, mi día empieza con una nota positiva. Esto también es fácil de hacer, toma poco tiempo y no cuesta nada. Otros minutos de calma. Requiere práctica, pero con la repetición se convertirá en un hábito que agradecerás.

FLOTAR: Tengo la suerte de tener una alberca en mi casa y puedo usarla todos los días. La mayoría de la gente que conozco ni siquiera se mete en sus albercas. La mía es terapéutica para mí. Allí, otra vez, elijo mi música cuidadosamente, camino o nado, termino flotando un rato y observo las nubes y sus formas singulares.

JARDÍN: Durante toda mi vida, los que me conocían bien jamás me regalaban flores. Sabían que en cuestión de pocas horas, o a lo sumo días, las flores estarían muertas. De verdad, era un desastre con las plantas. Durante mi práctica de acumular minutos de concentración y convertirlos en horas de enfoque más disciplinado, noté un pequeño arbusto de hibisco en mi jardín lateral. Se había estado cayendo lentamente y ahora estaba tirado en el suelo, aún con sus raíces. Mi vecina, que es una jardinera ávida, me había dicho varias veces que sería bueno darle un poco de atención al arbusto. Ella se ofreció a ayudarme a enderezarlo, pero en mi habitual modo desatento, le agradecí su oferta, pero opté por no hacer nada. Unos días más tarde, mientras estaba en el patio con la perra, mi vecina estaba otra vez afuera en su jardín y se ofreció a ayudar con el arbusto. Más que nada para apaciguarla, entré en el garaje y tomé algunos palos y una cuerda, y juntas enderezamos el arbusto. En realidad fue un gran logro. Me sentí bien y la perra estuvo muy feliz de pasar un rato largo al aire libre ese día. Durante la semana, mientras estaba haciendo unas diligencias, me detuve y compré alimento para plantas. De nuevo, salí con la perra, regué el arbusto y le puse un poco de fertilizante. Empezamos a verlo todos los días. Después de una semana o dos, las hojas amarillentas y oscurecidas se empezaron a poner de un color verde vibrante. Empezaron a aparecer los brotes y pronto el arbusto estaba cubierto de hermosas flores rojas. Pensé en el arbusto y cómo se relacionaba con mi transición a cuidarme mejor. Nos parecíamos mucho. Con un poquito de alimento y atención, ¡la vida era mejor! Pronto salí a comprar tierra y algunas plantas más para ver qué podía hacer con ellas. Pasaba un poco de tiempo cada día regando, recortando y hablándoles, y finalmente se convirtieron en un hermoso jardín. La perra estaba feliz de pasar tiempo afuera en el jardín. Para mí, tomarme el tiempo todos los días para ver los cambios del jardín y apreciar la belleza de las flores, mariposas, abejas, etc., fue terapéutico. Este se transformó en otro escape del caos que me rodeaba.

CAPÍTULO ONCE

LA ESCRITURA

Cuando era niña, alguien —ni siquiera recuerdo quién— me dijo que no escribiera nada si no quería que me lo recordaran y lamentarlo después, al correr el riesgo de que cualquiera lo lea. Así que nunca, ni de pequeña, llevé un diario y rara vez escribía cartas. Reservaba la escritura para los trabajos de la escuela. Esta fue una de esas cosas que hacemos porque en algún lugar en el fondo de nuestras mentes recordamos vagamente una regla a seguir, pero no tenemos ni idea de sus orígenes.

De todos modos, con poca capacidad de concentración pero teniendo que manejar una familia y una empresa, empecé a escribir todo, solo para darme la oportunidad de recordar cosas. Compré cuadernos y los usaba para todo. Tenía uno en el auto para anotar listas. Tenía uno en casa para hacer más listas. Escribía lo que tenía que hacer. Escribía lo que me había olvidado de hacer. Escribía listas para recordarme leer las demás listas. Sí, fue una época enloquecida.

Más o menos en ese tiempo, ya que tenía todos esos cuadernos vacíos, decidí probar algunas de las sugerencias que había encontrado durante mi investigación. Originalmente había descartado las ideas porque tenían que ver con escribir las cosas, y mi vieja regla me decía que era una mala idea. La adicción me hizo darme cuenta de que todas las reglas pueden romperse, así que aproveché la oportunidad para seguir la tendencia actual de mi casa y también rompí esa regla.

Empecé a escribir un diario de gratitud. Así como trataba de empezar todos los días con pensamientos de agradecimiento, empecé a escribirlos, los mismos u otros distintos. También encontré que cuando estaba en medio de una crisis o especialmente cuando sabía que estaban pasando cosas malas con mi hijo ese día, y las expectativas de negatividad me empezaban a deprimir, hacía un pequeño ejercicio de escritura. Me sentaba y escribía exactamente cómo me sentía. Escribía lo que creía que iba a pasar, por qué me preocupaba, lo que pensaba que debía hacer al respecto, y qué podía hacer para sentirme mejor. Para mí, al escribir sobre esto, de hecho me hacía sentirlo un paso lejos de mí, no dentro de mí. Era como tener a un terapeuta escuchándome. Lo sacaba de mi pecho y me sentía menos temerosa. Lo hacía muy a menudo y lo escribía todo en un cuaderno.

Otra herramienta muy útil estaba relacionada directamente con mis reacciones a mi hijo, su enojo y su manipulación. Al menos una vez por semana me sentaba y le escribía una carta. Le decía todo lo que estaba pensando acerca de él en ese momento. Con frecuencia le decía cuánto lo amaba, lo triste que estaba por él, lo ansiosa y temerosa que me sentía acerca de él y algunas veces, por él. Todo lo que quería que supiera, lo escribía en esas cartas. Luego, después de escribir todo tal cual lo quería, rompía la carta en mil pedazos y la tiraba a la basura. Verás, en su adicción activa, sabía que realmente no le importaba cómo me sintiera; no podía, y si guardaba esas cartas para su recuperación, que deseaba todos los días, la culpa no era algo que fuera a necesitar y no lo ayudaría a recuperarse. Repito, escribir todo y ordenar mis pensamientos me ayudó. Se sentía bien, de una manera extraña.

La mejor y más útil de las herramientas de escritura de mi plan fue la siguiente. Tomé un cuaderno vacío, y cada día pasaba unos minutos soñando, básicamente. Me sentaba y pensaba en algo que deseaba que fuera cierto, en su mayoría pequeñas cosas, a veces grandes, y las anotaba. La mayoría de los deseos parecían imposibles en ese momento, pero tenía la esperanza de que fueran realistas. Por ejemplo, escribí un día que esperaba a ver a mis dos hijos en una relación de hermanos. Los drogadictos en adicción activa realmente no pueden tener una relación con nadie. Pero soñaba con un momento en que mis hijos, que se llevan apenas dos años, pudieran tener un vínculo porque lo deseaban. También deseaba cosas tan aparentemente pequeñas como un genuino *hola* o *adiós* de los miembros de la familia, incluyendo al adicto. Nuestra casa se había vuelto silenciosa y tensa, cuando no explosiva. Lo que aprendí de este ejercicio fue esto. Si escribes algo, puede ayudar a hacerlo realidad. Si deseas cosas pero no las anotas, tal vez no recuerdes en el futuro que deseaste algo y se hizo realidad. A menudo pensamos que nuestros deseos nunca se hacen realidad y que no existen los pequeños (o grandes) milagros. Pero mientras pasa la vida, parecemos olvidarlo. Cuando reviso las páginas de más de dos años de este ejercicio, es imposible no sentirme bendecida con más de lo que jamás hubiera imaginado. Pero ver realmente y comprender que algunas de estas cosas percibidas como imposibles se hicieron realidad, sin duda puede iluminar una vida aparentemente terrible. La escritura puede ayudarnos a ser más conscientes.

CAPÍTULO DOCE

Yo no soy terapeuta. No soy médico. No soy un adicto en recuperación que se convirtió en terapeuta. De hecho, probablemente estoy más "limpia" en lo que se refiere a fumar, beber, drogarse y experimentar que nadie que conozcas que haya crecido en los años sesenta y setenta. Soy solo una madre que trató de hacer lo mejor posible al criar a su familia. Este capítulo está lleno de observaciones de mis experiencias. Esto no es el resultado de información experimental científica ni psicológica. Creo que la experiencia es una maestra muy valiosa, y te ofrezco esta experiencia para que la tengas en cuenta en tu planificación y estrategias para superar este episodio en tu vida.

REACCIONAR: Algo en lo que los adictos son realmente buenos es la manipulación. Les encanta provocar reacciones inmediatas de sus seres queridos. Si podemos detenernos, hacer unas cuantas respiraciones profundas, y no reaccionar o reaccionar mínimamente, esto los desorienta. Después de hacerlo durante un tiempo con mi hijo, las cosas se tranquilizaron más. Si no podía obtener una reacción inmediata y sacarme de quicio, simplemente no valía la pena intentarlo. Demasiado esfuerzo. Aunque esto le hacía la vida un poco más difícil, me ayudaba a evitar que me subiera la presión, mis músculos podían permanecer relajados y él hacía lo que pensaba hacer, de todos modos.

RAZONAR: Me gustaría animarte a leer el libro que figura en mis páginas de referencia, por el Dr. Abraham Twerski. Se llama *Addictive Thinking: Understanding Self-Deception* (*Pensamiento Adictivo: Comprensión del autoengaño*). Es un libro excelente y breve sobre el pensamiento adictivo. Me convenció de que tratar de razonar con un adicto era, en efecto, un acto de futilidad. Espero que este libro, junto con la información gratuita de algunos sitios web que enumero acerca del funcionamiento del cerebro adicto, también te convenzan. Después de entender este proceso de pensamiento, me resultó más fácil no tomarme personalmente las cosas, y también saber que las cosas sobre las que discuten y mienten, en su mente realmente son la verdad. En pocas palabras, si alguien realmente cree que dos más dos son cinco, entonces ninguna cantidad de razonamiento lo va a hacer cambiar de parecer. Estás equivocado, eres idiota. Él tiene razón. El conocimiento de esta información a menudo calmaba mi mente y mi cuerpo. Fue algo importante para mí. ¡No puedes razonar con un adicto! Tratar es otra acción estresante.

TOMAR LAS COSAS PERSONALMENTE: Los adictos se enojan más y son más abusivos con los que más quieren. ¡Mi hijo realmente me quería! Cuando supe que su cerebro realmente estaba secuestrado por estos fármacos y era casi imposible para él juzgar bien, razonar y tomar decisiones, comprendí que su comportamiento era realmente por una enfermedad física y mental, no por una cuestión de amor. Cuando empecé a tomar menos cosas personalmente, mi estrés disminuyó. Es importante recordar que el cuerpo y la mente del adicto anhelan estas drogas apenas les faltan en sus sistemas, y a veces antes. El único objetivo en sus mentes es saber de dónde vendrá la siguiente dosis. Tú simplemente te interpones en su camino. No pueden sentir nada por ti. Y no tiene nada que ver con la fuerza de voluntad. Nos amarían si pudieran.

CULPAR: Buscamos profundamente para descubrir a quién hay que culpar por estas adicciones. Alguien debe tener la culpa. Lo que aprendí fue esto. Aunque haya un lugar claro y obvio para ubicar la culpa, no es útil. Si pasamos tiempo culpando, estamos usando tiempo precioso de manera negativa. La culpa es el pasado y tenemos que concentrarnos en el presente. No creo que los que no pueden dejar atrás el pasado realmente puedan recuperarse. Quizá eliminen sus malos hábitos y se rehabiliten de sus adicciones, pero si no olvidan la culpa, no son libres para "volar" hacia un futuro positivo.

La culpa no logra nada y es un obstáculo importante. Sé que muchos terapeutas creen que tienen que llegar a la raíz de los problemas, y la culpa juega un papel muy importante en esas terapias. Para mí, parece darle al adicto otra razón más para eludir la responsabilidad de su vida. Esto no puede favorecer el progreso. Cuando se trata de adicción, creo que a veces simplemente sucede. La genética, las percepciones, la presión de grupo, el abuso, el ambiente: todo juega un papel. Es como el resto de la vida. Tenemos que hacer lo mejor posible. No podemos estar siempre adivinando. Así como sabemos que probablemente no habrá una cura para la adicción en nuestra vida; sabemos que hay millones de razones por las que podría sucederle a nuestros seres queridos. No vamos a deshacernos del caos, así que trabajemos para vivir con él.

PREOCUPACIÓN: Todos somos muy buenos en esto. Aprendí que la preocupación que tuve en mis primeros tiempos de lidiar con la adicción fue en vano. Lo único que hace la preocupación es tensar los músculos, subir la presión arterial, aumentar esos dolores de cabeza y arruinar tu día. Al adicto no le hace nada de eso. Por lo general, están en la inconsciencia. Probablemente, el hecho de que la mayoría de nosotros nos preocupamos por lo que nunca sucede, sea cierto. Solo piensa en todo el tiempo que pasamos preocupándonos. Puesto que sabemos que la mayoría de las causas de nuestra preocupación son cosas sobre las que no podemos hacer nada, decidí probar una nueva regla. No te preocupes hasta que realmente tengas que hacerlo. Al principio, juzgar eso fue difícil, pero con el tiempo supe cuándo era realmente necesario. Hace poco, estaba cruzando el puente de nuestra ciudad a la de al lado, y vi este cartel. "Decide no preocuparte durante dos días. Hoy y Mañana." Considéralo.

PERCEPCIONES: ¿Qué pasa en la mente de estos adictos? ¿Realmente sabemos lo que pasa en la mente de alguien? Incluso en una mente sana, las percepciones pueden ser diferentes. Yo tengo una melliza idéntica. Cuando hablamos de nuestra juventud, siempre me sorprenden las historias. Vivíamos en la misma casa, compartíamos una habitación, al mismo tiempo, con la misma familia, haciendo prácticamente las mismas cosas, especialmente cuando éramos muy jóvenes. Cuando contamos historias, muchas veces todos los detalles son distintos. A veces describimos algunos de los principales acontecimientos de manera completamente diferente. Entonces, cuando añadimos la distorsión a través de las drogas y el alcohol, podemos ver lo difícil que resulta saber por qué suceden las cosas. Muchas veces los adictos están partiendo de percepciones erróneas que los mantienen en su espiral descendente. No tenemos forma de saber porque es posible que estemos buscando cosas distintas. Solo podemos tratar de controlar nuestros propios pensamientos y estar satisfechos con nuestras percepciones.

FACILITAR: Esta palabra simplemente significa darle a alguien los medios para hacer algo. Muchas de nuestras acciones bien intencionadas en realidad les dan a nuestros adictos los medios para seguir tomando malas decisiones. Nos sentimos llenos de tristeza y miedo mientras caminamos sobre cáscaras de huevo. Lo hacemos dándoles dinero, sin exigirles que asuman ninguna responsabilidad, muchas veces haciéndoles la vida lo suficientemente fácil como para dejarnos la preocupación y el trabajo mientras ellos son libres para continuar con sus hábitos. Todos queremos ahorrarles sus posibles —incluso probables— aprietos (la cárcel, enfermedad, muerte, pérdida de trabajo, etc.).

Recuerdo haber hecho largas colas en las oficinas de tránsito en nuestro estado para intentar pagar multas y salvar a mi hijo de perder su licencia de conducir. Eventualmente perdió su licencia porque decidió no tomar un curso de ocho horas que le habría ayudado a conservarla. Inventé excusas cuando él era hosco con mis amigos y otras personas. Le di dinero cuando él debería haber estado ganándoselo. Siempre fue un joven inteligente y sano. Cuando compré un coche nuevo, le di mi auto anterior para usar en la universidad. Pagué el seguro y el mantenimiento de su auto, e incluso la gasolina. Realmente no tenía ninguna responsabilidad. Quería que se concentrara en la universidad. Le pagamos su departamento; la vida en los dormitorios de la escuela no era lo suyo. Entonces, tenía tiempo libre para usar drogas, traficar, conducir mientras usaba, agregándole kilómetros al auto que necesitaba más mantenimiento, gasolina, etc. Sobra decir que la universidad no era su prioridad. Así que, aunque me sentía culpable y preocupada porque él no se sintiera amado, además del juicio de todos mis críticos, empecé a dejar de facilitar. Me di cuenta que me estaba volviendo resentida y hasta odiaba la situación, e incluso a mi hijo. Le quité el coche. ¡Qué alivio! Sí, se enojó; se volvió mezquino, manipulativo y nos culpó de todo. Pero, sinceramente, no tener que preocuparme porque pudiera estar manejando, con la posibilidad de matarse o matar a otras víctimas indefensas con mi coche, disminuyó mi estrés. Cuando necesitaba un aventón, si estaba disponible y no tenía que apartarme de mi camino, lo llevaba. Si no, tenía que buscar quien lo hiciera. Esto coincidió convenientemente con la revocación de su licencia. Cuando la recuperó, simplemente no le devolvimos el auto. Esto le hizo un poco más difícil seguir con sus hábitos. Tuvo que trabajar más.

Dejé de seguirlo por todas partes para confirmar que estaba en la escuela o en las reuniones de recuperación, o no reuniéndose con los traficantes de drogas. Dejé de revisar su cuarto cada vez que salía de la casa. De todos modos, sabía lo que iba a encontrar, y que él iba a negar. Dejé de darle dinero. Si había que pagar libros para la escuela, o algún otro gasto que yo sabía que era legítimo y no me importaba pagar, el dinero iba directamente a la fuente, no a través de él. Queremos cuidar de nuestros seres queridos y creemos que estamos haciendo lo mejor para ellos cuando les ayudamos. Muchos adictos están en esta posición debido a la baja autoestima. Varias veces lo leí en el curso de mi investigación. Explica que cuando constantemente hacemos cosas para nuestros adictos, a menudo eso los convence de que no son capaces y de que nosotros los consideramos incompetentes e incapaces. No sienten una sensación de logro al hacer algo por su cuenta, y esto solo empeora su baja autoestima. No sé si lo creo totalmente, aunque puedo decirte lo confiado que parece mi hijo ahora que está limpio, sobrio y responsable de su propia vida. Es el único juez que realmente le importa. Su más duro crítico, estoy segura; pero él se siente bien así. Al lidiar con hombres y mujeres con familias, trabajos y responsabilidades financieras, la facilitación entra en juego aún más. Desde mi experiencia, todos necesitamos aprender más acerca de nosotros mismos y definir nuestras prioridades. Si tenemos hijos, tenemos que tener en cuenta su seguridad y a veces tomar decisiones que cambian la vida. Cuando los cónyuges pierden trabajos, van presos, agotan los fondos de la familia, las dinámicas son distintas, pero el problema básico subyacente es el mismo. La ira y la manipulación pueden venir en diferentes paquetes, pero siguen siendo ira y manipulación. La muerte es la muerte, todo se reduce a eso. ¿No son todas las vidas iguales? Recuerdo que alguien dijo que es diferente cuando tu propio hijo es el adicto. Podemos divorciarnos de un cónyuge, separarnos de un hermano o padre abusivos. En mi opinión, todas las relaciones tienen sus ansiedades y temores únicos y distintivos; pero cuando se trata de esto, la premisa básica de este libro es la clave. Debemos cuidar de nosotros mismos y aprender a elegir la paz, serenidad y alegría mientras estamos en medio del caos. Cuando dejé la mayoría de mis hábitos facilitadores, me hice otra regla tácita. Solo haría cosas con las que me sintiera cómoda. Si resentía lo que estaba haciendo, simplemente decía que no. A medida que seguía esta práctica, fue más fácil y menos estresante decir que no. Pensé que lo que había estado haciendo era amor. Pero había estado facilitando. En las bibliotecas y librerías hay libros sobre el tema de la facilitación. Fíjate en las páginas de referencia para saber por dónde empezar.

CENTROS DE REHABILITACIÓN Y TERAPIA PARA ADICTOS: La adicción da miedo. No hay muchas respuestas y los tratamientos varían. Para los adictos, la rehabilitación y la terapia, o los programas de 12 pasos son lo que está más disponible en este momento. Es difícil tomar una decisión sobre un plan, tanto para los seres queridos como para el adicto. Casi todos los centros de rehabilitación son prohibitivos para la mayoría de la gente. Ya gastamos suficiente dinero para comprar una casa muy linda. Tuvimos la suerte de tener acceso a fondos para proporcionarle esto a nuestro hijo. Sólo un pequeño porcentaje de los afectados con esta enfermedad tienen este tipo de recursos. (Busca en los sitios Web en la página de referencia para ver posibles becas). La adicción es una enfermedad solitaria. Los programas de 12 pasos para adictos brindan un lugar donde ir a aprender, en un grupo, un estilo de vida de sobriedad. Idealmente, un adicto irá a un programa prolongado de rehabilitación y continuará con un grupo de 12 pasos cuando lo termine. La rehabilitación a largo plazo tiene más sentido para mí. Según los expertos, hacen falta al menos de 30 a 45 días de sobriedad para que el cerebro de una persona esté lo suficientemente despejado como para tomar decisiones acerca de la recuperación. Casi todos los programas de rehabilitación son de 30 días. Las estadísticas muestran que cuanto más tiempo se está en rehabilitación, mayor es la posibilidad de recuperación a largo plazo. El aislamiento no es bueno. Ser miembro de un grupo de apoyo después de la rehabilitación también es un indicio de una posible recuperación a largo plazo.

Hay información sobre centros de rehabilitación y terapia en los sitios Web que aparecen en las páginas de referencia del capítulo trece.

SECRETOS: Te darás cuenta de que este no es un tema que a la gente le guste compartir con los demás.

Probablemente no querrás compartirlo con otros. Sí, habrá juicio, condena, consejos, pena. Pero, los secretos pueden hacerte enfermar. Asistir a un grupo de apoyo puede ayudar con esto. Hablar de este problema con otros que lo han vivido te ayudará. Ocultar este secreto a tu familia, amigos, empleados y empleadores puede ser muy estresante. Muchas veces puede ser insoportable vivir entre personas que no tienen ni idea de tu dolor. Eso aprendí por experiencia. Cuando decidí que ya no estaría avergonzada ni sería autocrítica acerca de tener esto en mi familia, empecé a compartirlo con los demás. Para mi sorpresa en ese momento (ya no) la mayoría de las personas a las que se lo confié tenían sus propias historias de adicción en la familia. La mayoría jamás había compartido esto con nadie. Era su secreto. Poder hablar con alguien y compartir su dolor sin juicio ni condena, alivió a algunos de su dolor. Escuché historias de hermanos presos, personas que crecieron con padres alcohólicos, matrimonios destruidos por esta enfermedad, etc. Según mi investigación, la adicción toca a una de cada cuatro familias de alguna manera, y cada adicción toca las vidas de un centenar de personas. Estas son estadísticas muy generales, no científicas, pero por experiencia propia puedo ver que son reales. Mi punto es que mucha gente está guardando este secreto por temor a que la juzguen o le tengan lástima, y eso presiona innecesariamente a quienes ya tienen suficiente tensión tratando de vivir con este problema. Creo que habría mucha más gente ayudándose mutuamente a atravesar esto, si no fuera un secreto tan grande. De nuevo, esta es otra elección. ¿Quieres vivir con el estrés del secreto?

TERAPIA PARA LOS SERES QUERIDOS: Para los que tienen fondos ilimitados, sé que mucha terapia es útil. No fue algo que pude hacer, así que no puedo recomendarlo personalmente. Creo que podría ayudar.

REZAR: Para los que se sienten inclinados a hacerlo, sin duda es una buena adición a cualquier programa positivo. Una vez escuché decir que "rezar es hablar con Dios y meditar es escuchar a Dios." Me gusta y me resulta reconfortante.

CAPÍTULO TRECE

REFERENCIAS

Voy a hacerlo simple. Los sitios Web enumerados a continuación te llevarán a obtener más información de la que querrás conocer. En ellos encontré la información más actualizada disponible.

Los libros, sitios Web y DVDs en esta lista son parte de la base de este plan. Hay muchos otros libros en las bibliotecas, librerías y en línea relacionados con estos temas. Enumero estos libros porque son cortos y concisos y pueden darte información útil y resultados inmediatos.

www.hbo.com/addiction
www.samhsa.gov
www.dasis3.samhsa.gov
www.drugabuse.gov
www.nar-anon.org
www.alanon.org

Libros y DVDs

Addictive Thinking: Understanding Self-Deception (Pensamiento Adictivo: Comprensión del autoengaño) segunda edición, Abraham J. Twerski, MD

The Three Minute Meditator (Reduce Stress. Control Fear. Diminish Anger in Almost No Time At All. Anywhere. Anytime.), David Harp, MA y Nina Smiley, PhD

Practicing the Power of Now, Eckhart Tolle

HBO Addiction, Why Can't They Just Stop (Este libro acompaña a los DVDs producidos para el programa especial transmitido por HBO en abril de 2007. Se puede comprar junto con los DVDs en el sitio Web mencionado anteriormente. Los DVDs se pueden ver gratis en ese sitio Web y también se encuentran en algunas bibliotecas.)

Adicción, serie en DVD de HBO.

Espiritualidad

Illuminata, Marianne Williamson

10 Secrets for Success and Inner Peace, Dr. Wayne Dyer

Change Your Thoughts—Change Your Life, Dr. Wayne Dyer

TERCERA PARTE

CAMINANDO EL CAMINO

*"La experiencia no es lo que te pasa,
es lo que haces con lo que te pasa."
Aldous Huxley*

CAPÍTULO CATORCE

Era el atardecer, y estábamos llegando a la carretera. Había un camino de tierra hacia adelante con una señal a la reserva indígena. Yo conducía, y mi hijo de 21 años de edad, estaba navegando. Mientras seguíamos el angosto camino de baches y hoyos, tratando de hacerle el mínimo daño a mi coche alquilado, me pregunté en qué me estaba metiendo. Me preguntaba cómo había encontrado mi hijo a estos nuevos amigos y cómo se relacionaban con su proceso de recuperación. Esperaba que esta fuese otra oportunidad para acercarnos y sanar algunas "heridas" del pasado.

Era el comienzo de la niebla, casi una llovizna, y el polvo empezaba a pegarse en el coche. Mi hijo me dijo que fuera más despacio; nos íbamos acercando al giro a la derecha para entrar. Otros estaban llegando. Ya había unos camiones en la calle delante de nosotros. Aunque el aire era frío y la amenaza de lluvia se vislumbraba en el cielo, bajamos del coche vestidos con pantalones cortos y trajes de baño bajo nuestras sudaderas. Agarramos un par de jarras de agua de la parte trasera del auto y nos dirigimos al camino. Ya había unos ocho hombres nativos americanos charlando y avivando el fuego. Estaban juntando la salvia y otras hierbas sagradas, el tambor, la flauta, las sonajas y otras herramientas para la noche. Había muchas rocas calentándose en el fuego para después.

Los hombres —jóvenes y viejos— nos recibieron a mi hijo y a mí con los brazos abiertos. En ese momento yo era la única mujer presente. Uno de los chicos era un muy buen amigo de mi hijo, y él nos presentó a los demás. Mientras tanto, llegaron más hombres. La mayoría eran nativos americanos y se conocían. Todos fueron muy cálidos y nos dieron la bienvenida. Nos presentaron al "líder" del grupo. Estaba vestido con traje de baño negro, sin camisa. Era un tipo bajo y robusto. Su barriga bastante rotunda colgaba sobre su traje de baño. Para mí, se parecía más a Santa Claus en las vacaciones de verano que a un "jefe". Su pelo estaba recogido en una corta cola de caballo. La sonrisa en su cara ancha era lo suficientemente cálida como para derretir un cono de helado. Dos perros que vivían en la reserva también aprovecharon su oportunidad para darnos la bienvenida. Estaban un poco sucios y malolientes pero, como todos los demás, parecían felices y relajados.

Sudar

Mi hijo me dijo que siguiera tomando agua mientras estuviera allí parada. Mientras seguía llegando gente, di un paso atrás y observé lo que pasaba. Uno de los hombres seguía avivando el fuego, y hacía mucho calor. Ahora la noche estaba oscura, y en el parpadeo del fuego, podía ver la estrella de la noche: el temazcal (choza para la purificación por el sudor). Era una estructura en forma de cúpula cubierta con tela gruesa, como una lona. Medía unos 3 a 5 metros de diámetro. La puerta, una abertura en la lona, estaba abierta y pude ver adentro. En el medio había un fogón hundido. Alrededor del fogón había un banco de tierra, también hundido. Vi que todo estaba muy oscuro, húmedo y mohoso. El techo era de solo unos 1.80 m de altura. Miré hacia el cielo y vi las nubes llegando, un prefacio de la tormenta predicha, sin duda, pero no llovía.

¿Qué diablos estaba pasando y por qué estaba allí? Estas son preguntas excelentes, que yo misma me había hecho un millón de veces hasta ese momento. Mi hijo, que vive en el oeste, me había hablado de esta impresionante experiencia que tuvo un par de veces con algunos de sus nuevos amigos nativos americanos. En ese momento, yo estaba de visita desde Florida para apoyarlo en la celebración de su primer año completo libre de drogas y alcohol. Los años anteriores habían sido tan destructivos y horribles que estaba ansiosa de celebrar este momento maravilloso y positivo con él.

Y una de las cosas que él estaba haciendo durante la semana era participar en una ceremonia indígena del temazcal. Cuando me la describió después de participar por primera vez, la puse en mi lista como algo que nunca sería capaz de hacer. Dijo que siempre tenía una muy buena sensación después de la ceremonia. Realmente no esperaba lo mismo para mí.

Desde que nací, sufrí una grave claustrofobia. Sé que me perdí muchas cosas en mi vida debido a esto, pero nada de lo que probé alivió este problema. Creo que cuando mi hermana gemela y yo estábamos aún en el vientre de mi madre, estábamos acomodadas de tal manera que ella recibió la mayor parte del oxígeno y nutrientes de la placenta, y yo solo lo que quedaba. Cuando nacimos, ella era un bebé sano, grande, robusto, y yo era muy delgada y tuve que permanecer en el hospital durante dos semanas. Pues esa es mi teoría que explica por qué tengo este problema. Sobra decir que a veces esta claustrofobia dirige mi vida, y no es bueno. Por ejemplo, una vez desperté a mi marido a media noche y lo obligué a cortar mi anillo de bodas porque no me lo podía sacar, y no podía respirar. En otra ocasión estaba en las montañas, al aire libre en la noche, pero no había ninguna luz, la oscuridad era sofocante y entré en pánico porque no podía respirar. Muchas veces me perdí experiencias maravillosas por este problema. Cuando era adolescente, fui a Babi Yar, en Ucrania, a las tumbas, y en lugar de ver y aprender la historia de lo que ocurrió allí, caminaba por el pasaje estrecho literalmente con los ojos cerrados, en puro pánico. Cuando mi familia fue a explorar una cueva en Belice, ni siquiera lo intenté. Por supuesto, me dijeron que fue maravilloso. Me perdí muchas estalactitas y estalagmitas en cuevas en todo el mundo debido al pánico. Creo que ya te puedes dar una idea. No se trata solo de los espacios cerrados; es un problema que va más allá de eso.

Durante mi visita esa semana, le dije a mi hijo que estaba ahí para apoyarlo, y estaba dispuesta a hacer cualquier cosa para apoyar su celebración. Así que ahí estaba, por entrar a una choza oscura, caliente, cerrada, con 14 extraños sudorosos. ¿Estaba un poquito ansiosa? Había traído algo de música y un libro, por si tenía que esperar a mi hijo en el auto. Había ido con poca confianza en mí misma.

Uno de los jóvenes recogió algo de salvia seca y la encendió. Empezó a humear. Se la pasó por todo el cuerpo, un procedimiento de purificación, una especie de bendición, antes de entrar a la choza. Ya había visto hacer esto esa semana, en otra reunión de nativos americanos a la que había asistido. Me ofreció la salvia ardiendo, y yo imité lo que había hecho. Se me ocurrió que necesitaba toda la ayuda que pudiera conseguir, así que con mucho gusto añadí ese paso.

Justo antes del momento de entrar en la choza, llegó otra mujer. Resultó ser la esposa del cuidador del temazcal y la reserva. Había participado varias veces en estas ceremonias y parecía emocionada, no enloquecida como yo.

Es tradición que el líder entre primero al temazcal y luego las mujeres. El líder estuvo sentado durante un minuto o dos y luego nos llamó a las dos para entrar. Cuando entramos, tuvimos que ir a la izquierda, caminar alrededor del fogón y sentarnos a su lado, cerca de la puerta. Los hombres entraron. Mi hijo me había informado antes que una de las veces que hizo esto, solo había cuatro personas. ¡Esta vez estaba atiborrado, realmente repleto! ¡Éramos 15 personas dentro de esta choza diminuta! Mi ansiedad estaba empezando a aparecer cuando la puerta todavía estaba abierta y todavía no habían empezado a meter las rocas calientes. Uno de los hombres de afuera trajo estas rocas grandes, calientes, brillantes, una por una. A medida que depositaba una a la vez a los pies del líder, él, a su vez, las levantaba con unas herramientas que parecían pequeños cuernos, y las depositaba en el fogón. A medida que ponía más y más rocas, la choza se calentaba más. Después de poner unas 15 rocas que casi llenaban el fogón, dejaron de traerlas y él dijo que ya era hora. ¡La puerta se cerró! ¿En qué me había metido esta vez? Estaba sentada al lado del líder. Antes me había dicho que esta era una experiencia difícil para mucha gente, especialmente los que lo hacían por primera vez. (¡Y para los principiantes claustrofóbicos!) Me dijo que habría tres partes, y después de cada *"flap"* (esto se refiere al cierre de la puerta) o etapa, habría un breve descanso. Si tenía que irme en cualquier momento durante la etapa, antes de los descansos, solo necesitaba hacérselo saber diciendo "puerta", y harían una pausa para dejarme salir. Eso era reconfortante. Bueno, ¡en realidad no!

Como dije, bajaron la puerta y empezó la ceremonia. Según lo entendí, una ceremonia de sudar es una experiencia espiritual donde hay un montón de canciones, oraciones y ofrendas. Es una purificación del cuerpo, la mente y el espíritu. Es también un momento para que cada participante exprese su gratitud, deseos, esperanzas y oraciones a su creador. También arrojan salvia y otras hierbas sagradas sobre las piedras calientes y las ofrecen. Mi corazón latía fuertemente, mi garganta se estaba cerrando y estaba sudando como un cerdo (por supuesto, al principio fue por mi ansiedad, mucho antes de que las rocas calientes entraran en juego). Empecé a entrar en pánico. Estaba muy oscuro, pero podía ver a mi hijo del otro lado por el brillo de las piedras. Me di cuenta de que percibía mi pánico y tenía pocas esperanzas por mí. ¡Qué dilema! ¿Qué me hizo pensar que podía hacer esto? Miré a la mujer junto a mí y susurré: "Creo que yo ya tuve suficiente." Ella me sonrió y sugirió que probase un minuto más. ¡No mucha ayuda de su parte!

En ese momento, el líder empezó a hablar sobre la razón de *Sudar* —el proceso de purificación y la gratitud de su corazón por la oportunidad. Había un cubo de agua junto a él y lanzó un poco de agua de un cucharón sobre las rocas. Así que ahora no solo estaba oscuro y caliente, ¡también había vapor! Podía sentir mis orificios nasales cerrándose y mi corazón latiendo más rápido, pensando que esto iba a ser un desastre. De repente, oí el tambor y los hombres cantando a los gritos al ritmo del tambor. Estaban orando en una lengua amerindia, y fue inspirador (y una distracción en ese momento). Mientras cantaban, sacudían sonajas y tocaban el tambor, el líder seguía echando agua con el cucharón para formar el vapor. En ese momento, sabía que iban a tener que sacarme de ahí, desmayada, en coma o muerta. ¡No podía respirar más!

De hecho, nunca supe los detalles de lo que hicieron en la choza, cuánto duraba cada etapa, ni lo que pasaba durante el descanso. A esa altura, probablemente había estado en la choza durante un total de 15 minutos. Mi camisa y pantalones cortos goteaban de sudor, el mío y el de mis vecinos. Me imaginé que esta primera sesión debía terminar pronto, así que estaba decidida a lograrlo. Hice muchas cosas para distraerme. Me concentré en los sentimientos del líder, que eran bastante conmovedores. Empecé a cantar (fingiendo, por supuesto) y bailar al ritmo del tambor (uso la palabra *bailar* libremente, ya que estábamos más apretados que sardinas). Me tomé un momento para desconectarme mentalmente de mis alrededores y reflexionar en todas las "herramientas" que había puesto en mi "caja de herramientas" en el curso de los últimos años, para lidiar con el miedo, el pánico y el caos. Sentí que era el momento perfecto para probar algunas, así que hice algunas meditaciones de tres a cuatro minutos en medio de todo esto. Primero, traté de seguir mi respiración. Concentrarme en ella me dio la confianza de que realmente podía respirar. Luego, estuve en mi playa favorita del Pacífico, sentada en una saliente rocosa con el aire fresco y salado soplando sobre mi cara. Casi podía oír las olas rompiendo contra las rocas. Todavía no soy experta en estas cosas de la meditación y la concentración, así que esta distracción no duró mucho. Por supuesto, en pocas palabras, esperaba que mi falsa sensación de seguridad —de que esta primera parte terminaría pronto— me haría superarlo.

A medida que pasaba el tiempo, realmente empecé a meterme en la ceremonia, las historias y cantos, el aroma de las hierbas, y empecé a respirar otra vez. Había una sensación de una energía elevada y positiva en la choza. Muchas de las oraciones y sentimientos se concentraban en mi hijo, sus pasados tormentos y su éxito actual. Apreciaban su agradecimiento hacia mí por estar junto a él para celebrar. Había otros miembros de la comunidad local en recuperación asistiendo a este temazcal, quienes comprendían su importancia. No es inusual que los amigos y parientes abandonen totalmente a los adictos y alcohólicos, sin importar cuánto tiempo hayan estado limpios y sobrios. El apoyo es un "regalo". El grupo fue muy amable, con buenos sentimientos hacia las madres, sus duras experiencias y profundo amor por sus hijos, y hacia mí en particular. Sin duda, era imposible levantarse e irse en medio de todo esto. Finalmente, después de unos 45 minutos, las rocas se enfriaron y el líder les gritó a los "guardianes del fuego" de afuera que abrieran la puerta.

¡Qué alivio! ¡La puerta se abrió! El aire frío de la noche entró en la choza, pero no sucedió nada más. Nadie se levantó para salir; no hubo pausa para tomar agua. Créeme, había mucho sudor y el agua realmente hubiera sido algo bueno. El grupo conversó un poco, contaron unos chistes, entonces (¡oh, Dios!) ¡llegaron más rocas calientes! No sabía qué hacer. Había planeado sobrevivir a la primera etapa, costara lo que costase, y lo hice. Era mucho más de lo que creía que podía haber hecho. Sabía que si me quería ir, este era el momento. Las rocas, que estaban mucho más calientes que las primeras porque habían estado 45 minutos más en el fuego, se estaban apilando en el fogón y era el momento de cerrar la puerta. Sabía que esta segunda etapa era muy importante. En ese momento, cada persona tenía la oportunidad de ofrecer sus oraciones, gratitud, esperanza y sentimientos personales frente al grupo. Puesto que era la primera persona sentada al lado del líder, decidí quedarme y hacer mi ofrenda (sentí que se lo debía a mi hijo, y realmente quería expresar cómo me sentía desde el corazón y el alma), y luego gritaría "puerta" y saldría corriendo.

La choza ahora estaba más caliente que una sauna, la salvia sagrada y las hierbas se arrojaron sobre las piedras, se cantó una plegaria y era el momento de las ofrendas individuales. El líder explicó que él iba a empezar y luego seguiríamos uno por uno. Cuando cada persona terminara de hablar, tenía que finalizar con la frase "todas mis relaciones", así la siguiente persona sabría que era su turno de hablar.

Habló durante unos diez minutos. Fue muy conmovedor y como yo sabía que estaría fuera de allí momentáneamente, me concentré plenamente en él, sentí la espiritualidad en la habitación, junto con el amor que nos rodeaba y la presencia de una energía más elevada. Me inspiró incondicionalmente, ahora que estaba totalmente concentrada. Cuando terminó, esperé que dijera "todas mis relaciones", pero en cambio dijo "ahora empezaremos por mi izquierda y seguiremos todo alrededor." *¡Pánico!* ¡Estaba sentada a su derecha! ¡Iba a ser la persona número quince para hablar! Inmediatamente empecé a calcular cuánto tiempo tomaría si la ofrenda promedio fuera solo de dos minutos. ¡Tenía por delante al menos media hora más! Y quién sabe si esto era todo lo que iban a hacer en esta etapa. ¿Podría hacerlo? ¿Podría aguantar? El líder empezó a echar más agua sobre las rocas, que brillaban como lava caliente. El vapor subía, agradable y caliente y el sudor brotaba de cada poro de mi cuerpo. Empecé a pensar en mis opciones. Podía irme ahora y respirar. O podía ver qué pasaba por un rato, y luego irme y respirar. O bien, podía "comportarme como un hombre" y dejar de sucumbir ante mis demonios, seguir con el programa y quedarme. Me estaba inclinando por la primera, por supuesto, cuando el primer caballero empezó a hablar. Habló de honrar a los ancianos, de algunas recientes experiencias que había tenido con amigos y su gratitud por tener una representación juvenil en este primer Sudar de la primavera. También reconoció a mi hijo y sus logros. Luego empezó a hablar también de las madres. Enseguida dijo "todas mis relaciones" y terminó. La siguiente persona comenzó su ofrenda, siguiendo con el tema de las madres y su amor incondicional, sufriendo a causa de los problemas de sus hijos, etc. ¿Cómo podía irme ahora? La mujer a mi lado y yo éramos las únicas madres en la choza. ¡Iba a ser imposible irme ahora! El líder seguía echando agua sobre las rocas, que ahora estaban muy calientes. El vapor se elevó, cerrando aún más mis fosas nasales.

En ese momento empecé a darme cuenta de que mis momentos de pánico estaban disminuyendo y de que podía hacer un trabajo de "mente sobre materia" en mi persona. Empecé a notar el goteo constante de algo en mi pie izquierdo. Era el sudor que brotaba del cuerpo del líder, pegado a mí. No importaba dónde moviera el pie (recuerda las sardinas) me seguía empapando el sudor. Me distraía un poco. Traté de hacer una respiración profunda y destapar mi nariz, en vano. Traté de respirar un poco de aire por la boca. No creo que alguna vez haya intentado inhalar vapor a través de mi boca. El vapor sudoroso y maloliente sabía igual que, me imagino, un calcetín sucio. Mis pulmones tampoco parecían disfrutar de esta experiencia.

Me obligué a volver a prestar atención. Fue una idea oportuna. Éramos unas ocho personas en el grupo; habían pasado como 25 minutos. "Todas mis relaciones" se habían convertido en mis nuevas palabras favoritas. Yo escuchaba a estos jóvenes y viejos por igual hablando de las mujeres en sus vidas, especialmente sus madres. Era difícil no sentir el amor, la elevada energía y la paz en la choza. Estaba conmovida hasta las lágrimas. Así que ahora estaba sudando como un cerdo y llorando... ¿viene a la mente la palabra deshidratación?

Finalmente, fue el turno de mi hijo. Se tomó su tiempo para ordenar sus pensamientos y empezó con su agradecimiento por la bienvenida al Sudar y por los buenos deseos de todos. Luego siguió hablando de su amor por mí y de mi amor incondicional hacia él. Nunca esperé escuchar palabras como las suyas de ninguno de mis hijos, porque generalmente no son tan abiertamente emocionales y sensibles, en mi experiencia. Pero la energía y el tono de la choza moldearon la experiencia y él aprovechó el momento. Expresó su agradecimiento por mi amor cuando él no amaba a nadie, ni siquiera a sí mismo, durante su adicción a las drogas. Cuando él era lo peor para mí, aún lo amaba con todo mi corazón. Me alegró que lo reconociera y valoro que lo compartiera con extraños. Oró por su padre y su hermano y toda su familia. Expresó sus sentimientos elocuentemente y desde el corazón. ¡Me sentí tan orgullosa y agradecida! Después de unos diez minutos más, finalmente fue mi turno. ¡Tenía todos esos pensamientos que quería expresar y tanta emoción! Lamentablemente, había una voz en mi cabeza diciendo, "¡Hazlo bueno y breve, así puedes salir de aquí!" No sé por qué, pero escuché esta voz e hice una ofrenda corta, compacta y sincera. Ofrecí mi oración por mis hermanos y hermanas que ya no están en la tierra. Luego ofrecí una oración por mi hermana gemela, que está luchando contra el cáncer de mama, y por mis padres, que se mantuvieron fuertes a través de todos estos eventos de vida y muerte. Expresé mi gratitud por la recuperación de mi hijo y esperanza por su éxito continuo. Fue una ofrenda muy breve. Tenía mucho más para decir, pero volví a escuchar esa voz. En vez de seguir, respiré profundo y dije "todas mis relaciones".

Ahora que habían terminado las ofrendas, estaba lista para volver a respirar. Cuando el líder arrojó más agua sobre las rocas y empezaron a cantar de nuevo, no estaba muy contenta. En ese momento, cerré los ojos, me senté derecha y corrí hacia atrás el trasero para que tocara la pared de la choza. ¡Qué descubrimiento! ¡La pared estaba fresca por el aire frío de la noche! ¡Era un milagro! Puse las manos contra ella. Levanté la parte de atrás de mi camiseta, me recosté contra la pared y tuve un rápido alivio del calor. Fue otra bienvenida distracción. Después de otros cinco minutos, los cantos, los tambores y la flauta cesaron. El líder gritó "puerta" y la segunda etapa —después de una hora— terminó.

Uno de los hombres de afuera mandó algunas jarras de agua y todos bebimos lo más posible. Durante la pausa, el líder explicó que la última etapa era como acompañar en el sufrimiento a todos los conocidos y desconocidos de todo el mundo que sienten dolor y están sufriendo. Yo no sabía qué quería decir pero, a esta altura, ya había decidido que estaba en esto hasta el final. ¿Cuánto más sufrimiento podría ser? Realmente me sentía bien conmigo misma. Sentí que había enfrentado valientemente mi claustrofobia, y esperaba que este fuera el final de las restricciones que me causaba en la vida. Esta experiencia estaba alterando mi vida dramáticamente.

Cuando empezaron a traer las rocas nuevas, supe que algo era diferente. Estas rocas en particular parecían extraídas de las profundidades de un sol abrasador. No sólo tenían el "brillo", sino también ese "aura" que se ve alrededor del sol en el día más caluroso y claro del verano que puedas imaginar. También parecían ser interminables. El líder las apilaba una sobre otra de modo tal que, al mínimo movimiento, se podían caer del fogón. Cuando la puerta se cerró esta vez, de inmediato sentí el calor. Las hierbas sagradas se quemaron, y se arrojó un poco de agua sobre las rocas. ¡El vapor era casi insoportable! ¡Empecé a sentir como si las rocas estuvieran quemándome la cara! Los hombres gritaban sus oraciones; las canciones eran más rápidas, casi frenéticas. Traté de moverme otra vez hacia atrás, contra la pared, para aliviarme, ¡pero esta vez también estaba caliente! A medida que mi cara se calentaba más y el sudor goteaba de todas partes, ¡creo que hasta mi pelo estaba sudando! Volví a recurrir a cantar con los hombres y tratar de bailar. Estaba muy oscuro, así que decidí levantarme la camiseta y ponérmela sobre la cara para evitar que se quemara; eso ayudó y, aunque me produjo una sensación de claustrofobia, mi cara ardiente era un problema mayor. De hecho, una de las varias cosas que aprendí de esta experiencia fue que no debía usar lentes de contacto para participar en un Temazcal. Queman los ojos y son muy incómodos.

Después de unos diez minutos de este calor abrasador (que es donde entra la parte del "sufrimiento"), simplemente no pude soportarlo más y pedí salir. El líder gritó "puerta", me levanté y salí, y enseguida salió detrás de mí uno de los jóvenes. Creo que le daba vergüenza decir que no lo soportaba si la mamá de alguien lo estaba haciendo. Le di la oportunidad de irse, y la aprovechó.

Sudar

La noche se había vuelto muy fría, y estaba empapada de la cabeza a los pies. Los escuché gritar y orar en la choza mientras tomaba una botella de agua, parada junto al fuego. Muy a mi pesar, solo cinco o diez minutos después, el líder volvió a gritar "puerta", y el Temazcal terminó. Si hubiera sabido que solo iban a pasar unos minutos más, creo que me habría quedado. ¡Bueno, mis lentes de contacto se habrían derretido permanentemente sobre mis ojos para entonces, y tal vez me habría quedado ciega para siempre!

Enseguida se vació la choza y todos, menos yo, se zambulleron en la alberca adyacente, sin calefacción. Yo vivo en un clima tropical, nado en piscinas calefaccionadas y estaba segura de que un ataque al corazón no sería una buena manera de culminar la noche. Mi hijo dijo que se sentía como alfileres y agujas, y que, de hecho, podía sentir todos y cada uno de sus poros cerrándose. Después que todos se secaron y se vistieron, se acercaron a mí y me dieron la mano. Dijeron que estaban encantados de conocerme y me felicitaron por mi buen desempeño en mi primer Temazcal. Nadie esperaba que llegara tan lejos, y ni siquiera sabían de mi claustrofobia. Mi hijo estaba realmente sorprendido. Admitió que no tenía ninguna fe que yo pudiera hacer nada de eso. Él había presenciado muchos de mis episodios de claustrofobia durante años.

Aprecié la experiencia del Temazcal y tuve el honor de ser parte de esto. ¡Qué increíble experiencia vinculante con mi hijo resultó ser! Felicito a la gente que estuvo dispuesta a compartir esta experiencia conmigo, y por mantener viva esta tradición especial. Ahora creo que puedo comprender la idea de los retiros espirituales. Para mí fue una experiencia especialmente purificadora.

Hoy en día, todavía tengo esta satisfecha sonrisa en mi cara y el calor (sin juego de palabras) en mi corazón cada vez que pienso en el Temazcal.

CAPÍTULO QUINCE

El clima aquí en Florida finalmente empezaba a refrescar, y era hora de apagar el aire acondicionado y abrir la casa. Era la época del año cuando todo cobra vida de nuevo, incluyendo a mi bóxer, Tara, y a mí. Habíamos estado encerrados en la casa fresca y los coches, solo yendo de aquí para allá en el calor. Nuestros paseos matutinos y la jardinería debían hacerse a las 7 de la mañana porque después de eso, el aire era sofocante y el sudor empezaba a salir de todas partes, además del hecho de que incluso la respiración era difícil (especialmente para los perros de nariz corta).

¡Ahora podemos respirar otra vez! Podemos quedarnos en el jardín por la mañana, y podemos caminar a cualquier hora del día y disfrutarlo. ¡La vida es buena! Yo estaba en mi habitación del desván esa mañana y decidí abrir las puertas corredizas de vidrio que conducen a un balcón con vista a mi jardín. Salí al balcón para sentir el aire fresco en la cara y ver lo que podía ver. El jardín se veía muy verde, y la alberca muy azul y fresca. Podía ver el estanque al borde del jardín, que estaba repleto de pequeñas palmeras. Estos árboles son relativamente nuevos en nuestro jardín. Son remplazos de algunos de los árboles que perdimos durante los cuatro huracanes de los últimos años. Durante el primer huracán perdimos 36 árboles y luego perdimos la cuenta. La buganvilla en el rincón del jardín estaba empezando a florecer. Había un par de pájaros blancos —garzas, creo— buscando su desayuno en la brecha entre nuestro jardín y el campo de golf. Mientras recorría el jardín con la mirada, mi vista se detuvo en un par de altos pinos que milagrosamente seguían de pie, y en ese momento lo vi. Debería decir que él me vio. De hecho, pude sentirlo antes de verlo. Era un halcón. No era inusualmente grande, ni inusualmente pequeño. Me estaba mirando fijamente a la cara. Realmente, se sentía como si me estuviera perforando los ojos. Fue bastante raro y un poco incómodo. Me preguntaba si este pájaro vivía aquí en mi jardín y no lo había visto o si había llegado con el clima fresco. Parecía conocerme, extrañamente. Me quedé allí durante unos minutos y le hablé en mi acostumbrada forma de hablarles a los animales en mi jardín, y pareció estar escuchando atentamente. Después de unos minutos, decidí seguir con mi día.

Hace unos años cuando la vida se había vuelto un poco agobiante para mí con la enfermedad, la muerte y las adicciones arraigadas en la tela de mi existencia, me decidí a salvarme porque había llegado a comprender que nadie más lo haría. Empecé mi búsqueda de una existencia más tranquila, serena, centrada, donde lo que ocurría en mi mundo exterior no tenía que reflejar lo que sucedía dentro de mí. Aunque físicamente era sana y muy consciente de la salud, sabía que mi presión arterial era muy alta y tenía antecedentes familiares de todo tipo de cánceres. Entonces, comencé un proceso muy lento, paso a paso, de educarme para mantener a raya el estrés físico y mental, independientemente del mundo que me rodeaba. En este día del encuentro con el halcón, había estado trabajando muy duro en este proceso durante casi tres años. Estaba mejorando progresivamente en concentrarme en cosas positivas, vivir el momento, estar centrada y, con todo, disfrutando de mi vida a pesar de la locura del mundo en que vivía. De hecho, estaba empezando a planear las próximas fiestas, cuando toda la familia se iba a reunir, lo que, como madre, siempre es el momento más feliz para mí. Esto solamente sucede una vez al año y yo estaba emocionada de solo pensarlo. Pasé mi hora habitual en mi habitación del desván preparándome para otro día positivo con un poco de calma, reflexión y pensamientos de gratitud. Estaba lista para continuar mi día pasando un rato en el jardín con Tara. Eché otro vistazo por la ventana, y el halcón estaba todavía encaramado en el pino. Supongo que le gustaba estar allí. El desmalezado, riego, siembra y fertilización también son expresiones de mi nueva actitud hacia la vida. Me parece increíble como aprendí a concentrarme en los detalles y preguntarme sobre las cosas básicas de la vida y la naturaleza, y cómo pude haber vivido antes cuando nunca me había tomado el tiempo para "ver". Cada día hay nuevas cosas que pasan en mi jardín y mi vida, y espero ansiosamente encontrarlas. Esa mañana, Tara, a quien le gusta tomar su siesta matutina en el mullido parche de césped que dejé en el jardín (planté a su alrededor), estaba especialmente interesada en algo arriba en el árbol. Miré y vi que el halcón se había trasladado desde el pino del jardín trasero a un árbol en el patio de adelante con vista al jardín. ¿Qué era eso?

Durante las semanas siguientes, Tara y yo pasamos mucho tiempo en el jardín, por la paz mental (es buena terapia para mí) y porque quería hacerlo muy especial para las próximas fiestas. Todas las mañanas cuando abría la casa, miraba por la ventana y generalmente veía al halcón en su percha listo para empezar el día con nosotras. Parecía estar siempre por ahí durante mi rato de reflexión, y empecé a equiparar su presencia con la paz y la calma, y mi regreso a la concentración. A medida que se acercaban las vacaciones y estaba más ocupada, mis "lecciones" de centrarme, concentrarme en los detalles y mantener la calma, estaban tomando un segundo plano después de todo lo demás, dejando que la vida interrumpiera otra vez y, como en el pasado, las cosas empezaron a ponerse un poco abrumadoras. Dejé de ver al halcón en los árboles porque estaba demasiado ocupada haciendo de todo. Un día cerca de Acción de Gracias estaba en el patio delantero, metiendo los botes de basura de la calle con Tara, y el halcón se zambulló hacia abajo y nos sorprendió. Casi golpeó a Tara. Realmente la asustó. Para mí, fue un llamado de atención. Esto se estaba poniendo un poco raro, pero recibí el mensaje. Traté de tomarme un tiempo para concentrarme en el momento y no dejarme llevar por pensar en el futuro.

Era difícil no emocionarse por las próximas semanas. Mis hijos, (23 y 25 años) a los que veo rara vez y sólo una vez al año juntos, iban a venir a casa y yo estaba anhelando sus abrazos y llegar a conocer quiénes eran en esos días. Siempre disfruté viendo cómo interactúan entre sí a medida que maduran, y de absorber la calidez de todo. Este año haríamos el viaje a la casa de los abuelos para la Navidad y para pasar tiempo con amigos, tíos, tías y primos. Todos estaban en un buen momento de sus vidas, y las expectativas de relajación y disfrute eran grandes. La práctica de mi nueva vida centrada fácilmente podía salir "por la ventana" en momentos como éste, pero supongo que recordé que sería un mal plan.

De todos modos, los chicos volvieron a casa; la casa estaba llena de actividad; Tara y yo tratamos, a pesar de todo, de seguir alguna semblanza de nuestro ritual matutino, tanto arriba en la habitación del desván por la mañana como en el jardín. Cada día el halcón estaba en su lugar. Lo encontrábamos en el patio o el jardín. De vez en cuando lo buscaba y no lo veía. Pero, justo cuando le preguntaba a Tara dónde pensaba que podría estar (como si su cerebrito de guisante realmente pensara algo), veíamos una sombra moviéndose a través del jardín o el campo de golf, y él volaba y aterrizaba en un árbol.

Pocos días antes de Navidad, mi marido recibió una llamada avisándole que su hermano mayor estaba en el hospital. Ambos estábamos sentados en el porche trasero cuando atendió la llamada, y vi que el halcón estaba en el pino. Vi un movimiento por el rabillo del ojo y miré hacia un árbol de siempre verde al costado del jardín, mientras un gran halcón aterrizaba en una de las ramas. Nunca lo había visto antes. Los halcones se miraron durante unos minutos mientras mi marido seguía en la llamada. Le señalé las aves como un punto de interés, pero como Tara y yo no habíamos compartido nuestras experiencias con el halcón, no significó mucho para él. De repente, el halcón grande voló hacia el más chico y lo derribó del árbol. Justo cuando estaba por golpear el suelo, desplegó las alas y se alejó. Después de un momento, el grande lo siguió. Cuando mi marido terminó de hablar por teléfono, anunció que iba al hospital a visitar a su hermano, y mi hijo mayor iba con él. Cuando volvieron dijeron que estaba grave, pero estable, y prometieron volver a visitarlo en el hospital justo después de Navidad. Metimos las maletas en el auto, reunimos a la familia y a la perra, y salimos para nuestro viaje de tres horas. Todo parecía estar bien en el mundo.

Abrazos de los chicos, sonrisas y el olor de la comida de las fiestas, de eso se trataba todo. La vida era como debe ser. Todos estaban felices. Los abuelos volvieron a conocer a sus nietos; los primos se contaban historias, y yo me senté y observé todo con una sensación de paz y alegría.

El teléfono sonó a las 5:15 en Navidad. El hermano de mi marido había muerto. Aunque estuvo enfermo durante mucho tiempo, era todavía relativamente joven, de 50 años, y la muerte nunca es fácil para los que quedan atrás. El viaje de regreso pareció durar una eternidad, y la tristeza que envolvía a la familia ciertamente no era la sensación esperada de las fiestas. Fue una tragedia —generalmente, la muerte lo es— y especialmente trágica para una mañana de Navidad.

Por supuesto, como todavía estoy en la etapa de aprendizaje de mi educación, una vez más me sentí abrumada. No se me ocurrió dar un paso atrás, inhalar profundamente, centrarme en el momento y no en los "si" y "si hubiera". Todavía tengo mucho por delante. A la mañana siguiente, salí al jardín trasero y no vi al halcón. Quizás estaba demasiado ocupada sintiendo pena por todo el mundo y todo lo que pasaba, que no me fijé muy bien, pero no lo vi, y sentí un poco de pánico por eso. Estábamos muy ocupados preparándonos para los servicios fúnebres —concentrarse en cosas positivas no parecía tener un lugar en nuestro programa.

De todos modos, el servicio fue agradable, y después todo el mundo vino a nuestra casa. Por supuesto, estaba ocupada tratando de atender a un grupo grande de personas y ciertamente no podía tomarme un tiempo de reflexión. Tuve que llevar a uno de mis hijos al aeropuerto en medio de todo esto y luego, cuando regresé a casa, decidí respirar, concentrarme y reflexionar sobre los sucesos de la semana. Subí al cuarto del desván y salí al balcón. En ese momento, realmente necesitaba ver al halcón. Dependía de él para que me ayudara a concentrarme. Sé que esto es ridículo, ya que parte de mi educación reciente fue darme cuenta de que uno no puede contar con ninguna influencia exterior para tener serenidad, paz o felicidad. Todo viene de adentro. ¡Pero en ese momento, realmente necesitaba al halcón para retomar el rumbo!

Me senté en el balcón, tratando de concentrarme en las cosas buenas. Aunque la visita de mis hijos no fue exactamente como estaba planeada, estaba contenta con sus abrazos, sus historias, su fuerza y su apoyo a mi marido, a mí y al resto de la familia durante este momento triste. Pudieron demostrar quiénes eran de una forma muy singular, y yo estaba agradecida. La vida siempre es impredecible, y estoy agradecida de haber logrado por lo menos algo valioso en esta experiencia de aprendizaje. Ayuda con todos estos baches en el camino. Mientras estaba sentada reflexionando, vi a un pájaro volando cerca de la rama donde generalmente se sienta mi halcón. Era demasiado pequeño para ser mi halcón, así que no le presté mucha atención. Me pregunté qué clase de pájaro era y pensé en ir por mis prismáticos, pero estaba demasiado cansada para levantarme. De repente salió volando del árbol hacia mí, y pude ver que tenía las mismas marcas de nuestro halcón, era prácticamente una versión en miniatura. Me hizo sonreír al pensar que tal vez mientras estaba tan distraída, el halcón grande de la semana pasada, el halcón mediano (mi maestro) y este mini halcón podían ser una familia, y que estaban disfrutando de las vacaciones juntos.

Terminaron las fiestas; el año nuevo ha comenzado y todo el mundo está, creo, donde se supone que debe estar. Tara y yo apreciamos más el valor de permanecer centradas y responsables de nuestra propia serenidad y de continuar nuestras experiencias de aprendizaje. A través de la alegría del reencuentro familiar y el dolor de perder a un miembro de la familia, vemos que la vida continúa, "es," pase lo que pase. Ahora casi todos los días vemos a un halcón en los árboles, a veces el pequeño, a veces nuestro "maestro", pero ahora verlos me hace sonreír. Ya no necesito que estén allí. Cuando me pregunto dónde están ahora, siento una gran calma que me ayuda a pasar el día. Estoy aprendiendo cada día, y estoy agradecida.

CAPÍTULO DIECISÉIS

Ella viajó desde Alabama comiendo sándwiches en el asiento trasero de mi coche. Yo era el conductor y ella y mi vecina, mis pasajeros. Estábamos casi en casa, después de un viaje de nueve horas. Era hora de que empezara su nueva vida en la soleada Florida.

Esta era el remplazo de mi bóxer anterior. Ella tenía que estar a la altura de la anterior, o sea, tenía grandes "patas" que llenar. Nuestra perra anterior era una joya. Había investigado mucho para comprar un remplazo y elegí un criador en Alabama. Él me envió fotos de la camada, y elegí una de las fotos. Mi vecina fue muy amable de ofrecerse como voluntaria para acompañarme en mi viaje. Mi última bóxer pasaba mucho tiempo en su casa y ella también la extrañaba. Estaba ansiosa por que yo consiguiera otro bóxer y se sentía feliz de ser parte de ese plan.

Llegamos al criadero y queríamos ver de inmediato al nuevo cachorro. El criador dejó salir a todos los cachorros dentro de la gran propiedad y ellos jugaron a nuestro alrededor. Cuando señaló a nuestro cachorro elegido, se me partió el corazón. Mi última bóxer murió debido a una enfermedad neurológica que, entre otras cosas, la hacía cojear mucho. Aunque esta cachorra estaba llena de energía, tenía una cojera notable. El criador dijo que se había atrapado la pata en la puerta para perros y se ofreció a llevarnos a todos al veterinario para revisarla. Entonces, mi vecina, el criador, todos los cachorros, y yo subimos a una camioneta y fuimos a ver al veterinario local. Ella los revisó a todos y les dio el visto bueno. Me aseguró que la cachorrita pronto iba a estar como nueva. No sabía qué hacer. Realmente no me sentía a gusto sabiendo que la cachorrita estaba empezando con esa cojera. En ese momento, yo estaba muy sensible a esa aflicción. Así que pregunté si alguno de los demás cachorros estaba disponible. Todos estaban reservados, menos una. Ésta tenía características similares a la opción original, pero algunas diferencias muy notables de comportamiento. Me había fijado en ella cuando retozaban. Constantemente estaba corriendo en dirección opuesta al resto de la manada. Solo volvía por el tiempo suficiente para saltar sobre uno de ellos o darle un toque rápido. Era una salvaje. El criador dijo que le había mordido la punta de una oreja a su hermano, que crecería para ser campeón. Por suerte, a algunos de estos bóxer campeones les recortan las orejas. Entonces, tenía que elegir entre una cachorra tranquila que cojeaba y una loca. Decidimos pensarlo esa noche y tomar la decisión en la mañana. Fue una decisión difícil. Estábamos a punto de entrar a nuestro camino de acceso. Era hora de despertar a mi vecina dormida y a la pequeña maníaca del asiento trasero. ¡Que empiecen los juegos!

Mi hijo regresaba a casa al día siguiente de sus 30 días en la clínica de rehabilitación. Esta era la perra que iba a criar y se iba a llevar a la escuela con él. Hasta ese momento, ambos vivirían con nosotros. Como se suponía que era su perra, quiso elegir su nombre. Cuando llegó a casa nos dijo que había elegido el nombre cuidadosamente. Su nombre sería Tara. Pensé que era adecuado. Tara (la Terrible). Pero no, era Tara, el nombre de su terapeuta en rehabilitación. Dijo que era muy agradable y le había ayudado. Quería que su perra se la recordara. Así que su nombre oficial era Tara, la Perra, no la Terapeuta. Para abreviar, Tara.

Durante el verano, mi hijo la llevó a adiestramiento canino. Aprendió bien y pudo hacer las cosas básicas rápidamente. Por supuesto, solo las hacía si tenía ganas. A menudo tenía una extraña mirada en sus ojos, y sabíamos que teníamos que tener cuidado. Corría por las escaleras hacia arriba, luego se daba vuelta y corría hasta el piso de abajo y luego saltaba al vestíbulo, deslizándose sobre las baldosas del estudio. Rápidamente se levantaba y corría a la cocina, la sala, el vestíbulo y saltaba en el sofá, generalmente cuando mi marido estaba descansando allí. Corría de esta forma y hacía algunos viajes subiendo y bajando por las escaleras y luego de pronto paraba. Se dejaba caer, completamente exhausta, y dormía. Era agotador verla. Tuvimos que protegernos cuando crecía y seguía con esta locura. Se fue haciendo más grande y fuerte rápidamente.

Mi hijo tenía su dormitorio arriba, un cuarto en el desván. A la perra no se le permitía subir a los muebles y era muy buena para escuchar (excepto en sus momentos de carrera explosiva). Muchas veces durante el verano, subía al cuarto de mi hijo a visitarlo. Estaba entrenada para ir afuera a hacer sus necesidades, y no teníamos problemas con eso. Excepto que, por alguna razón, ella subía y orinaba en la cama de mi hijo. Él bajaba corriendo por las escaleras con toda su ropa de cama para meter en la lavadora. Esto sucedió muy a menudo, casi todos los días, durante algunas semanas. No sabíamos por qué hacía eso. No orinaba en ninguna otra parte de la casa, y no se subía a ningún otro mueble, excepto su cama de agua. A medida que pasaba el tiempo y nos dimos cuenta de que mi hijo estaba usando drogas otra vez, de un modo extraño, me alegraba ver a Tara haciéndole la vida un poco miserable. Era la única que no caminaba de puntillas alrededor de su adicción. Creo que ella lo desaprobaba a su manera, y encontró una manera de hacérselo saber. Tara se convirtió en un alivio cómico para mí. Cuando mi hijo salió de nuestro hogar para la rehabilitación prolongada en el oeste, Tara se quedó. Ahora era mi perra. ¿Extrañó al muchacho? Realmente, no lo sé. Sí pasaba mucho tiempo arriba cuando él se fue. Nunca volvió a orinar su cama.

Nos convertimos en compañeras permanentes. Mi hijo iba a cumplir 21 años en esta rehabilitación. Aunque siguiera el plan de rehabilitación a largo plazo para una vida sobria, una vida responsable de recuperación por su cuenta, o dejara la rehabilitación para seguir con sus malos hábitos, no viviría con nosotros otra vez. Esta fue mi decisión, y estaba convencida. No habría ninguna razón para que un hombre adulto sano viviera en casa con sus padres. Así que Tara y yo sistemáticamente revisamos cada rincón de su cuarto, su clóset y baño y limpiamos todo. Tiramos toda la parafernalia de drogas, cientos de CDs con mensajes negativos del estilo "mata a tu madre" y muchas cosas que no pude identificar como necesidades de la vida. Tara descubrió algunas cosas que nunca habría encontrado. Fue muy útil. Había cajas de basura y descubrimientos impactantes que no creo que necesite describir.

Y ahora, ¿qué íbamos a hacer con este cuarto? Todavía estaba por llegar la última gran etapa de la limpieza. Durante los días horribles de la adicción de mi hijo en nuestra casa, tuve muchas malas experiencias en esta habitación. A menudo lo encontraba acostado en su cama usando drogas, y era desgarrador de ver. Después fue aún peor. Una vez lo encontré llorando en su cama, y me rogó que lo ayudara. Ésa era la cama en la que a menudo pensaba que lo iba a encontrar muerto, en las mañanas cuando no contestaba mis llamadas para despertarlo. De todos modos, la cama tenía que irse, y sabía cómo lo haría. La cama fue aserrada en varios pedazos y puesta en la basura. Fue como una declaración para mí. No hay vuelta atrás, en este dormitorio, en esta casa.

Poco después, hice pintar las paredes borgoña y verde con un beige natural y hermosos azules. Agregué algunos lindos muebles y traje unas rosas de mi jardín. Puse algunos estantes, donde tengo fotos agradables de cuando éramos una familia feliz, y cuadros relajantes en las paredes. Abrí las puertas corredizas de vidrio que dan al balcón para eliminar el horrible olor y dejar entrar el aire fresco. Estaba decidida a eliminar toda la mala energía.

Tara, la perra loca, comenzó a cambiar. Sí, estaba madurando muy lentamente, pero todavía era muy salvaje. Cuando empecé a llevar mi diario y a meditar en las mañanas, sucedió algo extraño. Apenas me sentaba, Tara venía arriba, no importaba lo que estuviera haciendo o mordiendo en ese momento; se echaba a mis pies y no se levantaba hasta que me disponía a volver abajo. Nunca interrumpió mi ritual matutino. Así fue como me di cuenta de que podía seguir su respiración para uno de mis ejercicios de concentración. Creo que ella también meditaba.

Sudar

Aunque su lado loco era impredecible, su comicidad fue bien recibida por todos nosotros. Mi marido, que nunca fue muy amante de los perros, parecía disfrutar de sus travesuras. En los últimos años había habido mucha tristeza e inestabilidad en nuestra familia debido a una muerte insospechada, enfermedades y discapacidades. Cuando mi marido se encontró con una inesperada lesión que requirió dos cirugías, meses de rehabilitación y la posibilidad de tener que renunciar a una carrera de más de 30 años, cabía la posibilidad de otra espiral descendente. Aunque nuestro mundo cambió, podría haber sido peor. Fue en este tiempo que Tara comenzó una alianza inesperada con mi marido. Pasábamos los días juntas, pero cuando mi esposo estaba en casa, empezó muy lentamente a fijar su atención en él. Al principio, solo se acercaba a él y le ponía la barbilla en su regazo. Luego, lentamente ponía una de sus patas en el sofá junto a él. Él le acariciaba la cabeza, y finalmente las dos patas terminaban arriba. Por supuesto, tuve que impedir este comportamiento debido a la regla de no subir a los muebles. Tara empezó a acurrucarse a sus pies, en vez de los míos. Él empezó a prestarle más atención cuando llegaba a casa, y empezaron una rutina de "siéntate, quieta, premio." Parecía que se daba cuenta cuando él estaba triste y de mal humor, y era como si ella lo consolara. A él le gustaba y se unieron más. Ella siempre parecía saber qué hacer.

A todos nos gustaba Tara. Nos caía bien cuando estaba tranquila y era solidaria. Incluso nos caía bien cuando era salvaje y loca. Acababa de cumplir cuatro años y parecía estar abandonando algunas de sus cosas de cachorro. Finalmente, casi podíamos confiar en sus movimientos. En esa época empezó a sentirse mal y la llevé al veterinario para una revisión. El resultado: tenía cáncer. Era hora de parar y respirar profundamente otra vez. Podía entrar en mi anterior depresión, desenfocada y negativa, o podía usar lo que había aprendido estos últimos años. Otra vez, respiré hondo y evalué la situación. Decidimos probar una ronda de quimioterapia. El veterinario nos aseguró que los perros en quimioterapia son diferentes de las personas. No pierden el pelo, y si no tienen una mala reacción la primera semana, pueden entrar en remisión y tener la misma calidad de vida a la que están acostumbrados.

Decidí concentrarme en pasarla bien todos los días con ella y no preocuparme por el futuro. Fuimos a visitar al Abuelo y la Abuela. Fuimos a visitar a todos sus primos perros por todo el estado, y pasamos mucho tiempo fuera en el jardín, el mío y el de mi vecina. Ella perseguía a las ardillas con un poco menos de vigor y todavía estaba atenta a todas las lagartijas. Quise sentarme mucho tiempo con ella y hablamos mucho sobre la vida. (Ella escuchaba, yo hablaba). Los perros viven en el momento, sin planificar el futuro ni revivir el pasado, y aprendí mucho de ella en aquellos días. Ella no sabía y no le importaba que su vida en la tierra era limitada. Disfrutaba cada minuto de cada día. Hice todo lo posible por seguir su ritmo. Cuando el cáncer regresó cuatro meses más tarde y tuvimos que ponerla a dormir, fue muy triste. Pero había pasado el tiempo con ella haciendo cosas divertidas, positivas, sin dejar que el miedo al futuro invadiera nuestra buena energía, y realmente aprovechamos al máximo nuestro tiempo juntas. ¡Qué buena lección para aprender!

Solo han pasado unas semanas desde que Tara se fue. A menudo escuchas a la gente decir que las cosas suceden por alguna razón, o nos preguntamos cuál es nuestro propósito aquí en la tierra. Cuando pienso en Tara, aunque estoy triste, todavía me hace sonreír. Tara estuvo aquí con nosotros en nuestros tiempos más oscuros, con esa mirada en sus ojos, sus momentos salvajes, su comicidad, cuando realmente la necesitábamos y su compañía constante. Soy una persona diferente con mi nueva perspectiva y mi plan. Siempre habrá una crisis o un caos. Pero las cosas están bien ahora. Tara estuvo aquí cuando la necesitábamos. ¡Tal vez era Tara la terapeuta, después de todo!

CAPÍTULO DIECISIETE
Cuatro años después...

Su estatura de 1.85 era imponente. El traje negro de Calvin Klein, camisa negra y corbata a rayas azules y plata que llevaba, estaba de acuerdo con su actitud confiada pero gentil. A los 24 años, estoy segura de que, para las mujeres jóvenes, era "sexy". Soy su mamá, así que me reservaré mi opinión. Él es mi dulce niño. Estábamos en el escenario en un gran salón, esperando que empezara la reunión. Mi hijo me hizo un gesto para que me acercara al podio con él. Era hora. Se presentó a las más de doscientas personas en la habitación con el saludo habitual, y todos respondieron a su saludo. Se detuvo un momento para ordenar sus pensamientos y luego empezó.

"Mi mamá voló a través del país para ayudarme a celebrar este tercer aniversario de mi sobriedad. Esta es mi mamá. La amo."

Estos aniversarios son un momento muy especial que pasamos juntos. Estoy allí, pase lo que pase. Este año, me había roto una costilla unos días antes del vuelo de 6 horas, pero eso no me detendría. No olvidamos, pero estamos agradecidos. Siempre me impresiona lo tranquilo, desinhibido y maduro que parece mi hijo, hablando frente a muchos de sus compañeros. El primer año me sentí abrumada. Mi intervención fue exactamente de tres palabras: ¡Me siento agradecida! Este año me gradué a unos 30 segundos de orgullo y agradecimiento. Habló un minuto más. Al final, dijo: "Si alguno de ustedes quiere abrazar a mi madre después de la reunión, por favor, sea suave. Se rompió una costilla hace tres días."

Así que, los milagros suceden. Siempre hay esperanza. Su nueva vida, limpia y sobria y su paz y serenidad son sus milagros, sus "cosas". Estoy orgullosa de sus nuevas decisiones, sé muy bien que son las suyas y que pueden cambiar. Es responsable de sus decisiones, y yo de las mías.

Ahora, todas las mañanas en casa me despierto y agradezco lo que el día tenga para ofrecer. Salgo a mi jardín y me emociona ver lo que está floreciendo ese día. Planté, fertilicé, regué y amé, y ahora simplemente estoy viendo lo que pasa. Estoy dejando que crezcan las cosas.

Mi propia sonrisa tímida puede detectarse en mi cara, y una alegría viene de mi corazón cuando veo los efectos del cuidado y de dejar que las cosas sucedan. Los sentimientos son similares cuando pienso en mi hijo y sus "milagros", mi jardín y sus maravillas y mi propia transformación en alguien que nutre, cuida y permite.

Como ha sido el caso durante la mayor parte de mi vida, hay mucho caos y locura en mi vida cotidiana, una vez más. Estoy bien con eso. Tengo esperanza y tengo mi nuevo espíritu.

Creo que voy a salir a flotar en la alberca y a observar el paso de las nubes por un rato. El caos seguirá estando allí para después.

EPÍLOGO

Mis pensamientos, emociones, altos y bajos, trabajo duro y transformación son solo eso. Míos. La adicción es una enfermedad no solo del adicto, sino de la familia. No puedo presumir de saber lo que pasa en la mente de los demás. El *Sudar* es lo que surgió de los confines de mi mente y mi experiencia. Esta experiencia conmovió igualmente a mi familia, y cada uno tiene su propia historia. No puedo contar sus historias. Quizá algún día ellos lo harán.

Les deseo a todos sus propias historias con finales felices.

Denise Krochta

Sudar

HOJA DE PEDIDO AL REVERSO

Denise Krochta

Hoja de pedido

Deseo obtener más ejemplares de **Sudar** para mí y/o amigos, familiares y demás personas que necesitan este plan práctico para mantener intacto su corazón cuando aman a un adicto.

Nombre: _____

Domicilio: _____

Ciudad: _____ Edo.: _____

País: _____ C.P.: _____

Correo electrónico (para confirmación): _____

Comentarios (adicionales al reverso): _____

Cantidad _____ X $12.95 (USD)   Subtotal $_____

Envío y manejo   EE.UU. y Canadá $ 7.50

A América Latina $ 12.50

Email: info@VeritasInvictusPublishing.com   Resto del mundo: Pregunte

Total adjunto (USD) $_____

Envíe esta hoja con su pago a:

VERITAS INVICTUS PUBLISHING
8502 East Chapman Avenue # 302
Orange, California 92869
United States

Para comprar por Internet con tarjeta de crédito, visite:
www.Libro**Sudar**.com

www.ingramcontent.com/pod-product-compliance
Lightning Source LLC
Chambersburg PA
CBHW032359040426
42451CB00006B/64